普通預金 35

年月日	お支払い金額	お預かり金額	差引残高

35歳からの超貯蓄術

家計再生コンサルタント／
ファイナンシャルプランナー
横山光昭

朝日新聞出版

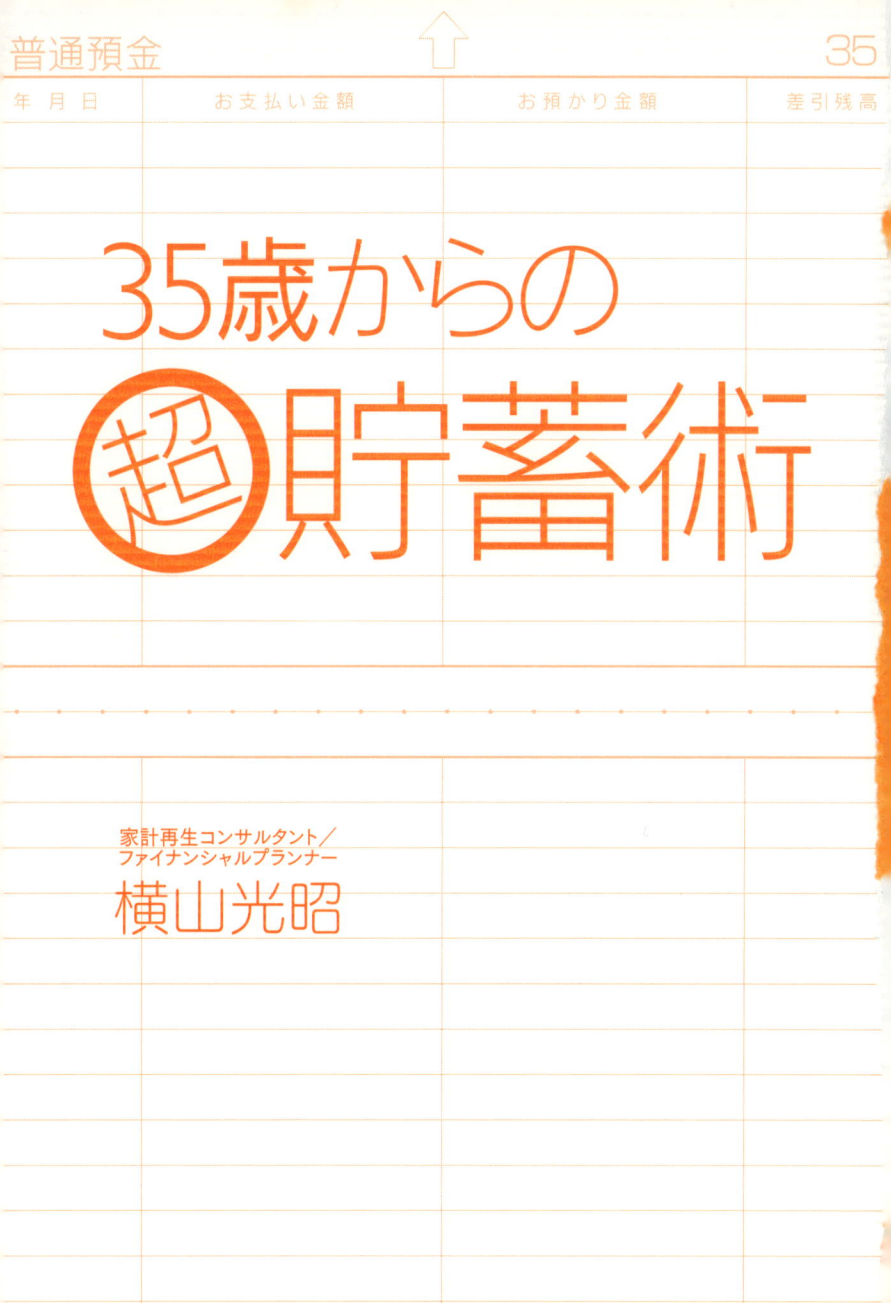

35歳からの超貯蓄術

家計再生コンサルタント／
ファイナンシャルプランナー
横山光昭

プロローグ

「今の35歳は10年前より200万円も年収が低い!?」

2009年に放映されたNHKスペシャル『〝35歳〟を救え』をご覧になって衝撃を受けた方もいるのではないでしょうか。私もその一人です。

たしかにバブル期以降不景気が続き、2008年のリーマンショック以降、状況はさらに悪化しています。ですが、働き盛りの30代の収入に、ここまでハッキリとその影響があらわれているとは……。番組で紹介された三菱総研のデータによると、10年前と比べ、年収が200万円も下落しているとのことです。

では、あらためてこの事実を知って、どう思われるでしょう?

驚きが先行するでしょうが、「ああ、10年前だったらよかったのに」とうらやみ、残念に感じた人が多いのではないでしょうか。

まあ、こんな時代だし不景気だから仕方がない……。そのようなあきらめの気持ちを抱きたくなるのも分かります。

しかし、そんな心の持ち方ではこれからの時代をとうてい生き残れないでしょう。生き残れたとしても、自分の理想のライフプランなんて描けないはずです。

厳しい言い方ですが、家計再生のプロとして、私はそう思っています。

実は私、この状態をチャンスだと受け止めてもよいと思うのです。

今、そしてこれからを生き抜くために、必要なお金にまつわる感覚や価値観を持ちさえすれば、豊かに生き残ることができると考えているからです。

これからの厳しい時代、豊かな人生を送れるか、あるいは生き残れないか、そのどちらかになるでしょう。その中間は、ありません。それは、この10年間を見てもはっきりと分かります。これまで中間に位置していた人は、どちらかに振り分けられつつあるのです。

つまり、今お金で困っている人は、これからもお金に振り回され続け、今豊かな人はそのまま豊かでいられる可能性が高いのです。「このまま」だと、です。

念のためにいっておきますが、お金で困っている人＝収入のない人ではありません。豊かな人＝収入のある人でもありません。

私がいいたいのは、「収入の二極化」や「貧富の差の増大」といったことではないのです。

結局は、「自分軸」の有無が、お金に困る人生、お金に困らない豊かな人生の分け目となってくるのです。

では、「自分軸」とは何でしょうか？

収入額の大小に関係なく、得られた収入を有意義に使い、自分らしい人生を描ける、そのような能力のもととなる、価値観のことです。

今後は単に豊かになりたいとか、お金持ちになりたいといった、中途半端な感覚やあいまいな価値観では、生き残れなくなっていきます。

今までよりいっそう、自分はどんな人生を送りたいか、お金というツールを使ってどのような夢や目標をかなえたいかを、明確にしなければなりません。

先ほど「チャンス」といいましたが、今あなたが大きな転換期に生きていると気づいたそのこと自体、大きなチャンスです。再度いいますが、「このまま」、何も考えずに生きていては、いずれお金に困る事態におちいるでしょう。

そうならないように努め、現状を変えようとするその小さな一歩が今後の大きな差を生み、これからの人生をより幸せにするのです。

そのためには、これまでの「ぬるま湯」感覚や、メリハリのない金銭感覚を、大至急リセットしなくてはいけません。

年齢でいえば、早いうちから取り組むに越したことはありませんが、これからお金について考えられるようになる時期、特に30代が大切です。

30代といえば、もっとも多様なライフスタイルを含む世代です。

独身の方、結婚している方、夫婦共働きの方、小さなお子さんのいる方、もう高校生のお子さんのいる方……。このようにさまざまなライフスタイルがあり、状況も一人一人違います。結婚の費用や医療費や住居費、教育費に直面する世代です。一方で、社会に出てからかなりの年数がたってキャリアを積んだ状態であり、老後に備える時間もまだ十分にあります。

この大切な30代から、お金と自分軸を強く意識していくことにより、大きな効果が実感できます。30代の過ごし方が、人生を大きく変えるのです。

本書で、あなたの感覚を現代を生き抜くための感覚へとシフトさせましょう。そして最終的には、収入額に影響されない、あなたらしい人生を送るための「自分軸」を作り上げていきましょう。

CONTENTS

第2章

その消費行動・意識が貯金できない原因だ……43

第4章 今から10年生き抜くマネープラン

第5章 今から30年生き抜くマネープラン……163

第6章

成長し続けるための8つの警告……195

第1章

貯めるために考え、
そして悩め！

貯めている人と貯めていない人の違い

　これだけ貯金や節約ブームが過熱してくると、他の人の貯金額が気になる方も多いと思います。よく一般家庭の平均貯蓄額が新聞や雑誌に載っていますね。ちなみに総務省の家計調査によると、２００９年度の「世帯あたりの平均貯蓄額は１６３８万円」だそうです。

　皆さんはこの数字を見て、率直にどう思いますか？

「えっ？　こんなに貯めてるの？　どうしよう。私、こんなに貯金ない」とあせる方もいるでしょう。もしかしたら「あれ？　意外と少ないんだなあ」と余裕を感じる方もいるかもしれません。

　世の中には、どうやら「貯められる人」と「貯められない人」がいるのです。そのことは、皆さんもうすうす感づいていますよね。

　では、その違いは何なのでしょう。性格？　年収？　環境？　考えられる要素はたくさんあります。

中でも根強いのが、「年収信仰」です。つまり、あの人は年収が多いから貯められる、私は年収が少ないから貯金できない、といった考え方です。

ですが、それは大きな誤解です。4800件を超える家計相談をしてきた私は、断言できます。

「貯金のできる・できないは年収の多寡ではなく、使い方で決まります」と。

ぴんとこない方もいらっしゃることでしょう。たしかに高収入のほうが貯金できる額は多いですよね。

たとえば、月収100万円の人は、月に60万円貯金できるかもしれません。一方、月収20万円の人はがんばって5万円貯めるのがやっとかもしれません。その一面だけ見ると、たしかにそうでしょう。

ですが、あくまでしつこくいわせてもらうと、やるかやらないか、使い方を意識しているかどうかがカギです。

他の著書でもふれましたが、私の事務所に家計相談に来られる人は、年収の多い人ほど悪い借金（返済のメドが立たない借金、いつまでも返し続けて返済額がふくらんでいく借金）を抱えていることもよくあります。要はどれほど収入が多くても、使い方がダメということ。つまり、「収入が多い＝お金が貯まる」ではないのです。

ポイントは「使い方」にあるのです。使い方次第で、どのような違いが出てくるのか具体的に見ていくことにしましょう。

私のところに相談に来ている、ファッション関係のデザイナー、A子さんを例にあげます。

服を買うのに予算が5万円あるとしたらどう使うかを聞いてみました。

すると……、

「そうですねえ。5万円のうち、思い切って4万5000円をスカートに、残りの5000円で、ユニクロのようなファストファッションのお店で何点か買います」

との答え。

4万5000円のスカート！　高い！　男の私からするとびっくりなのですが、ファッションがご本業ですからね。予算内におさまっていれば、私は何もいいません。

一方、こんな方もいます。おしゃれ大好きなアパレルメーカー勤務のB子さん。同じく予算が5万円あるとしたら……、

「えーと、2万5000円のスカート、1万7000円のブラウス、あ、あとハリウッドセレブが映画ではいているハイヒール！　6万円ですけどほしい！」

とのこと。

「あの……とっくに5万円をオーバーしていますけど」と指摘したところ、

「分かっています。でも仕事柄、ファッションにはお金をかけたいんです」というのです。

それは分かりますが……。

二人の違いは歴然としていますよね？　A子さんは、予算と自分の希望のバランスがとれています。一方、B子さんは自分の希望ははっきりしているのですが、予算とのバランスがとれていません。

どんな人でも予算は限られているのですから、やはりメリハリのきいた使い方が大切なのです。普段は切り詰めるけれども、たまには豪華というふうに。

使うところと使わないところの差を大きくすることがコツなのです。また、それが、貯められる人と、貯められない人の「使い方」の違いなのです。

「年収信仰」に続いて、**もう一つ、お金を貯められない理由としてよくあげられるのが、「性格」。**

「私はおおざっぱなので貯められません」とか、「ちまちま節約するのが性に合わないので」とか言い訳（？）する方が多いのです。

ですが、これも大きな誤解です。

私のところにいらっしゃる相談者の皆さんを性格的に分析してみましたが、性格のせいとはいいきれませんでした。几帳面でも貯金できていない人もいますし、おおざっぱでも上手に貯められる人もいます。

貯金できるようになるために性格を変えた人なんていません（というより、性格は変えられないのです）。

大切なのは、「自分の性格を把握して、それに合ったやり方を実行すること」。

性に合わないなら無理してケチケチ節約術を実行するのではなく、大胆な固定費（毎月の携帯電話代、生命保険料など）のカットに踏み込む、おおざっぱで家計簿を毎日つけるのが苦手なら、週1集計方式で面倒をなるべく減らす、など。自分自身の性格をしっかりと見極めてそれに合った方法でお金を貯めることが、貯めるための最短ルートなのです。

貯金下手ほど振り幅が大きい

そうそう、性格にまつわることで一つ明るいお話をしましょう。

家計相談の実体験を通じて感じるのは、好奇心旺盛であれこれと使ってしまう貯金下手な人こそ、むしろ将来有望な成長株だということです。

もちろん、もともと冒険心のない、物欲も薄い人もいます。そういう方は大きく踏み外すことなく、ただひたすら貯めています。でも残念ながら、そういう方は案外、目標や楽しみを持っていないことが多いのです。常に守りの姿勢で、不安から逃れるために貯めているだけなので、「お金は自己実現のツールである」という持論の私からすれば、ちょっともったいないとすら思ってしまいます。

一方、楽しいことが好きで、興味を持ったらどんどんお金を使ってしまう人は、実は貯金が得意になる素質を持っているのです。

今まで、お金を浪費することが「エンタメ（娯楽・楽しみ）」だった方は、「貯金」を「エンタメ（娯楽）」だと考えてみましょう。みるみる貯まるようになります。

実際に、私のところの相談者さんにも、飲み会に旅行に車にカメラに……と多趣味で使いたい放題だった方が、一念発起して「趣味＝貯金」としたところ、一気に集中して「貯められる人」に変身しました。

何も、性格を変えたわけではありません。興味の対象を「貯金」にしたところ、楽しみながら貯められるようになったのです。まるでゲームのように目標金額を定めて達成し、みごと貯めてからほしいものを手に入れています。

いかがでしょう、「性格のせいで貯められない」わけではないことをお分かりいただけたでしょうか。

私自身、若いころは浪費家でした。お酒やタバコをやりすぎて体を壊したり、クレジットカードを使いすぎて借金まであったりしました。その過去があったからこそ、家計再生コンサルタントとしての今があると思っています。

ですからお金をどんどん使ってしまう貯金下手な人を、私は一概に否定はしません。むしろ、若いうちはいろいろなことに興味を持ってどんどんお金を使うぐらいでいいと思います。

そして、30歳、35歳になったら、それは区切りの時期です。若いころの楽しい経験や苦い失敗を生かして、お金を上手に貯められる自分にシフトしていってほしいと思います。

自分軸の作り方

冒頭で、「世帯あたりの平均貯蓄額は1638万円」と知って、ぎょっとされた方は多いのではないでしょうか。

これは、「世帯あたり」なので二人以上の家庭での数字です。これが単身者ですと「平均865万円」くらいになります。けっこう多いですね。この金融資産の中身は、預貯金、株式、投資信託、債券などの有価証券、生命保険や個人年金保険といったものです。

そう聞くと、さらに驚く方が多いでしょう。ですが、あせる必要はありません。「平均」という言葉のなせるマジックなのですから。

ご存じの方も多いと思いますが、「平均値」には、時としてマジックがかけられています。たとえば、年収10億円の世帯も、年収200万円の世帯も、それぞれ一つの世帯としてカウントされているので、数字が実態とは大きくかけ離れることが往々にしてあるのです。

ですから、このような数字では、「中央値」のほうが大事です。「中央値」には、もっとも多いグループの金額が反映されるので、それほど数字がずれる心配はありません。

ちょっと話がずれましたが、世帯あたりでの貯蓄額調査でいうところの中央値は「98万円」、単身者での調査での中央値は「100万円」です。それなら、だいぶ安心された人もいるのではないでしょうか。

ただし、最近では、貯蓄額がゼロという世帯が増えているというニュースも流れました。**「全体の3割」に及ぶ人が貯蓄ゼロなのです**（単身世帯調査分）。ちなみに、私のところに相談に来る方々ではもっと割合が高く、相談者の半分以上は、貯蓄ゼロです。

貯蓄ゼロ世帯の増加は、単に不況のせいだといってしまえば簡単です。けれども、私はそうはとらえていません。むしろ、「不況」という言葉に逃げないことが大切だと考えています。

前の項目で述べた「使い方」を支える「自分軸の欠如」が、貯蓄ゼロの原因なのです。

突然ですが、皆さんが小学生だったころのことを思い出してみてください。お小遣いやお年玉をもらったとき、どう思いましたか？
この５００円、この５０００円をどう使おう、と考え抜いて、一番ほしいものを買おうとしたのではないでしょうか。そして考え抜いて、時間をかけて手に入れたものは、愛着を持って末長く使ったものです。
つまり、今あるお金で買えるものを買う、あるいは、ほしいものの値段に今あるお金が足りなければ、お金を貯めてから買うという単純な消費行動だったはずです。

ですが、大人になった今、現状を振り返ってみてどうでしょう？　クレジットカードのおかげで現金がなくてもものが買えたり、昔では考えられないほど安価なものが増えたりして、なんでも我慢せずにすぐに手に入る状況ですよね。私たちはこの便利な社会にすっかり感覚を狂わされているのです。だからこそ、幼いころに立ち戻って、一番ほしいものは何なのか、５０００円余ったらそれをどう使うのが一番いいのか、と考える習慣を再度意識してほしいのです。

私が一番気がかりなのは、「安いからいいや」「これでいいや」と、安いもの、手に入りやすいものに安易に流れてしまう風潮やとらえ方です。

たとえば、1000円でケーキを買うとします。100円のケーキを10個買うか、1000円のケーキを1個買うかは、人それぞれの価値観によります。

節約という観点だけ考えると、前者のほうがいいでしょう。ですが、私はあえて、「一度は1000円のケーキを買う」ことを強くお勧めします。

それは、なぜか。体験することで選択の幅が広がることを知ってほしいのです。100円のケーキも1000円のケーキも両方体験してみて初めて、自分にとってどちらがいいのか選ぶことができます。高いほうがそれなりにおいしいけれども、頻繁に食べられる楽しみをとりたいというのであれば、100円のケーキを。たまにでいいから極上の味わいを楽しみたいなら、1000円のケーキを。

「安価」だけを基準に流れてしまうと、何も知らないまま人生が終わってしまいます。

ブランドものも同じです。

たとえば、私はブランドものにはまったく興味がありませんが、お財布だけはある程度高くて、質のよいものを使っています。お金に関する仕事をしているのもありますが、やはり気分がシャキッとするのです。ですが、バッグや服はブランドにはこだわりません。

試行錯誤を通じて、自分は何が好きで、何にお金を使いたいのかという「自分軸」が鍛えられていきます。「自分軸」の作り方にはあとでふれますが、この作業を繰り返して、できれば35歳までに「自分軸」を確立しておきたいところです。

あなたは情報弱者？

「自分軸の確立」とからめてお話ししておきたいのが、情報に振り回されないでほしいということです。**冒頭で平均貯蓄額にふれましたが、これを目標に貯めてくださいということではありません。むしろ、これを気にしない人になってください。**

現代は情報過多の時代です。テレビ、新聞、雑誌、インターネットでありとあらゆる情報が流れています。そして誰もがその情報に接することができます。情報は上手に使えばとても便利なものですが、時として非常に迷惑なものにもなりえます。特に、お金に関する面でいえば、情報は健全なる家計の大敵であるといっても過言ではないでしょう。

たとえば、一般家庭の保険料は普通にこれぐらい、投資はしていて当たり前、スクールに通って資格を取得しないと就職できない、子どもに英会話と塾と水泳に行かせるのは常識、できるビジネスパーソンなら講演会やセミナーにお金をかけるのは当たり前、なんてお金を使わせる情報があふれています。これらをいちいち真に受けてお金をかけていたら、貯金なんてとうていできません。

ですが「普通は」「当たり前」「平均は」といった言葉を目にするとすぐに自分と比べて不安になる人、つまり情報に踊らされている人は非常に多いのです。

この背景には「不安」があると、私は思っています。それは何も、「お金に関する不安」だけではないのです。自分の知識に関する不安、アイデンティティーに関する不安、人生に関する不安……さまざまな不安が合わさって、情報に振り回されてしまうわけです。

人が持っていて、自分が持っていないものや知識に過剰に負い目を感じてしまい、結果として自分に必要のないものにお金を使ってしまう――これこそ、まさに自分軸がないせいで起きる悪循環です。

「情報弱者」という言葉をご存じでしょうか。一般的には「パソコンやインターネットを使えないという理由から、得られる情報量に格差が生じ、社会的・経済的な利益を享受できない人のこと」を指すそうですが、現在では、「大量の情報に踊らされてしまい、情報の取捨選択が主体的にできない人」という意味も含むのではないかと思います。

現代社会で、自分軸を持っていないと情報弱者になり、ひいてはお金の使い方を誤ることになるわけです。

では、「自分軸」はどう作ればいいのでしょう。私は次の３つのステップが大切だと思っています。

１　見極め力をつける

２　アウトプットをする

３　プロの参考意見を聞く

一つ一つ、ご説明していきましょう。

1 見極め力をつける

これは、自分軸の根幹をなすものです。要するに、自分に必要なもの、必要でないもの、本当にほしいもの、ほしくないものをよく考えて、正確に判断する力です。

残念ながら、これはすぐに身につけられるものではありませんが、私は次の二つを家計相談に来られる皆さんにお勧めしています。

1 本を読む(お金の本に限らない)

2 新聞を読む

「1 本を読む」場合、気をつけてほしいのは、最初からお金の本に飛びつかないこと。お金に関する本は、星の数ほど出ており、そのどれもが異なる主張をしています。お金を貯めたいからといって、いろいろ手を出すと混乱するだけです。むしろ、お金の本に限らず、自分が興味を持っているテーマや人の本など、純粋に自分の好みで選んで読んでみてください。読んだあと、どのような感想を持ったのか、振り返ってみることで、自分なりの価値観を作り上げるトレーニングになります。

なお、ベストセラーだからといって、正しい情報が書いてあるとは限りません。ほしいのは、あくまで「自分にとって正しい情報」です。ここでも情報に振り回されないようにしましょう。

「2　新聞を読む」なんて、普通すぎて物足りない方もいるかもしれませんね。ですが大事です。新聞に載っている情報はネットに比べ、非常に精査されていて、まず間違ったことは載っていません。そのうえ、視点がニュートラルなので、偏った意見に左右される恐れもないのです。中立的な情報から自分なりの意見を考えるには最適のツールだと思っています。

最近、節約の一環で新聞の購読をやめ、その代わりにネットでニュースを見る方も大勢います。少々心配なのは、ネットのニュースだと、情報が偏ってしまうのではないか、ということです。新聞は一覧性が高い（ページをめくれば興味のない記事も目に入ってくる）のですが、ネットでは自分で読みたい記事を選べてしまうので、興味のないものにはいつまでたってもたどりつかないことでしょう。そうなると、たとえば介護や年金暮らしの生活といったテーマに興味を持たない人は、それを知らないまま年をとってしまうのです。情報はまんべんなく知り、そのうえで取捨選択するのがベストだと思います。

2 アウトプットをする

「1　見極め力をつける」では、本と新聞を読むことをお勧めしました。ですが、これで満足してはいけません。よくあるのが、本を読んだだけ、有益な情報を読んだだけで、「自分軸」がしっかりできているような気になってしまうケース。

「自分軸」を本当に身につけるには、「実行」と「継続」が必要です。読んだだけでは、その両方とも伴いませんからね。本に書いてあった節約法を試したければ、まずはやってみる。そのうえで、合わなければやめればいいのです。あるいは自分の性格に合うよう応用できるかもしれません。まずは体験してみるのです。

3　プロに意見を聞く

これは別の項目でも詳しくお話ししようと思いますが、非常にお勧めです。

お金のことを自分だけで考えていると、行き詰まってしまうことがあると思います。そんなとき、他者、できればファイナンシャルプランナー（以下ＦＰ）のようなプロに意見を求めるのは賢い方法です。プロに相談するのですから、もちろんお金はかかります。ですが、だからこそ真剣に意見を聞くし、その意見が本当に自分にとって正しいのかどうかを考えるクセがつくのです。

その際、大切なのは「自分が何を求めてＦＰに相談するかを明確にすること」。ＦＰにも、それぞれ得意分野があります。私のように、赤字・借金家計を再生させて貯蓄ができるようにするＦＰがいれば、すでにある資産を運用して増やすことが得意なＦＰもいます。保険や相続、税金といった専門分野を持っているＦＰもいます。自分が何を聞きたいのか、しっかり分かったうえで相談するＦＰを選びましょう。

以上、この3つのステップを実行することで、おのずと自分軸を作っていくことができます。そうそう、この項目を読んだだけで満足しないように、くれぐれも注意してくださいね！

貯金は何のため？

他の著書でも繰り返し書いていますが、「貯金は自分の人生をよりよく描くための道具である」というのが、私の意見です。

お金は生活と直結している道具であるだけに、使う人の考え方、生き方をあからさまに反映します。ですから、お金の面でうまくいっていない場合、お金が上手に貯められない場合は、貯金を通じて人生や暮らしを立て直す機会であるととらえてほしいと思います。

そのためにも、自分にとって貯金はどのような存在なのか、一度じっくり考えてみることをお勧めします。「人生を描くための道具」というのは私の意見にすぎません。

夢が一番で、貯金は二番だから最小限でいい、とか、仕事に生かすためにたくさん貯めたい、あるいは趣味を楽しむために貯めながら使いたい、などなど、人それぞれでいいのです。

次に列挙するのは、私が考える貯金の効用（役割）です。

・生活の安定、何か突発的な出費があるときに、あせったり困ったりしなくてすむ。
・ほしいものを、計画的に手に入れることができる。
・不安を取り除き、安心を得るための材料となる。
・目標や夢を現実のものにできる。
・貯金ができると目標達成の自信がつき、人生のステップアップがしやすくなる。
・経済情勢に左右されない生活を手に入れられる。
・貯金のために生活の無駄を省く行動ができるようになり、自分にとって必要なもの、不要なものを見分ける力がつく。
・心に余裕があるので、自分の考えや夢、目標といった人生の方向性に幅を持つことができる。
・今だけなんとかなればいいという考え方から、未来に希望を持てるようになり、ステップアップした生活に進む原動力となる。

しつこいようですが、これはあくまで私の意見です。正解はありません。皆さんにとっての「貯金とは何か？」をぜひじっくり考えてください。

借りたくても借りられない時代に突入

2010年6月18日、金融に関する法律が変わったことをご存じですか？

改正貸金業法により、ローンやキャッシングの総量規制がおこなわれ、簡単にいってしまうと、借りたくても借りられないことがあります。この総量規制の要点は3つほどあります。これだけ覚えておくといいでしょう。

・ローンなどの貸付総額の上限が年収の3分の1までに制限される。
・1社からの借入残高が50万円を超える、または複数社からの借入額が合計100万円を超える人は、借りる際に源泉徴収票などの収入証明書を提出する必要がある。
・クレジットカードにおいては、お金を借りるキャッシングが対象であり、ショッピングは対象ではない。

ということです（第3章でも詳しく説明していきます）。

また、2009年12月には、改正割賦販売法も、さらに具体化された内容が盛り込まれ、施行されています。お金がないから、クレジットカードでの買い物、特にいつ終わるのか分からないリボルビング払いにするにも、規制がかけられていくのです。

ということは、状況によっては、必要なときに必要なお金を借りて準備することができないこともありえるのです。**ですから、もうお金を借りてなんとかする、という時代は終わったと考えましょう。**

ほしいものは簡単に手に入らない時代になりつつあります。「貯金をして、手持ちのお金を用意して、使う」、ある意味、健全な時代に戻っていくのかもしれませんね。だからこそ、自分の身の丈に合ったお金の使い方、貯め方を考え、実行することが必要です。

親の意見に流されない

ちなみに、30代の皆さんの親の世代、いわゆる団塊世代には、「いずれ時期が来れば自然と貯金できるようになる」という考えが通用しました。ですが、それは経済が右肩上がりの成長を続けていたころの話であって、現在の雇用・経済情勢ではそれが通用しません。

親世代のいうようにのんびり構えていては、お金が貯まることも、お金に困らなくなることも「ありえない話」となる恐れがあります。このように相反する親子間のお金の感覚の違いを、世代によってしっかりと意識することが大事です。

親の意見に流されてしまう方々もよく見受けられますが、自分なりの方法で貯金を作って自分らしい人生を送ってください。

まだまだ親に頼ろうとし、自分ができていない人が多いと感じています。

お金のことは自分一人で考えるしかないの？

お金の相談に乗っていてつくづく感じるのは、「お金にまつわることは、人には話せない分、悩みが深くなってしまうのだなあ」ということです。

たしかに、友人であってもその貯蓄額を知らないし、仲のいい同僚であっても住宅ローンの額はあまり聞けることではないでしょう。人にいえない分、一人で悩んで、間違った方向にいってしまうパターンが非常に多いことを、いつも残念に思っています。

もちろん、そのような方々の相談に乗るために私は存在しているのですが、家計相談に来られる方はかなり追い詰められた状態で来ることがほとんどです。正直なところ、ここまで悪化する前に相談してくれたら、もっと早く回復できたのに、と思うことも少なくありません。

前置きが長くなりました……。私がいいたいのは、だから早く相談に来てくださいということではなく、一人で悩まず誰かと話し合ってください、ということなのです。私は普段、相談相手として次のような人をお勧めしています。

・配偶者など（夫や妻、結婚していない場合は恋人、親友や友人）
・第三者（ＦＰなどの専門家）

信頼できる人であることが大前提ですが、自分の意見だけに固執しすぎてどうすればいいか分からなくなっている場合、思わぬアドバイスをもらえることがあります。

たとえば、あなたが結婚しているのであれば、パートナーに積極的にお金の話をすることをお勧めします。パートナーの性格などにもよるでしょうが、相談すると、意外としっかりと考えてくれるものです。

また、相手がどのような考え方や価値観を持っているのかも分かるでしょうし、大切な人とのコミュニケーションも図れるのです。

もし、家族の中であなたがお金を主で管理している人であれば、任されているだけに、思うように貯蓄ができていないなどうまくいっていなければ、時間が経過すればするほど、いいにくくなるものです。ですから大切な人であれば、なおのこと、お金の話をしてみてください。

ちなみに当社では、はじめのうちは妻だけで相談に来られるケースが多いのが実情です。ですが、数回面談をしたら、夫にも来てもらうことを心がけています。夫にも家庭の経営を一緒にやっていくという自覚を持ってもらうことが目的です。夫婦二人だけで話すのではなく、そこに私のようなプロの第三者が入ることにより、より建設的に家計が見えてくるようになるのです。

お金が貯まるようになっただけではなく、夫婦仲がよくなったということもよくあるものです。**お金の話からの副産物は意外とあるのです。生活まるごとよくなっていくことが、大きな目的なのです。**

第2章

その消費行動・意識が貯金できない原因だ

お金は貯めようとするな！

突然ですが、読者の皆さんに、声を大にしていいたいことがあります。
それは「お金は貯めようとするな」ということ。

お金を貯めることがテーマの本なのに、そんなことをいわれて、きっと戸惑う方もいるでしょう。ですが、お金を貯めようとする方に限って、意外な落とし穴にはまり、失敗してしまうことが多いので、あえていっておきたいと思います。

なぜなら「貯金を目的にしないでほしい」からです。

貯金や節約がブームの今、やみくもにお金を使わないようにする人が増えています。もちろん、浪費を避けることは大事です。ですが、1円でも多く貯蓄額を増やしたいばかりに、使うべきところに使わない人が増えてしまうのは、非常に残念なことです。

お金は本来「使うためのもの」なのです。
「今、貯金すること」が行動の足かせとなってしまい、将来のチャンスをつぶしてしまう、将来の借金を増やしてしまう、損をしてしまう……そんなケースが増えているのです。

たとえば、39歳男性・会社員のCさん。専業主婦の妻と幼い双子の娘がいます。3年前に子どもができたときから医療保険に入ろうとは思っていたのですが、よく調べもせずに保険料が高くつくのではないかと考え、だったらその分を貯金しよう、今までも大病なんてしたことがないし、もともと健康だから大丈夫だ、と保険に加入しないでいました。

ところが予期せぬ事態が起きたのです。お酒が大好きなCさん。いつの間にか知らないうちに肝臓を壊していて、長期入院を余儀なくされました。保険に入っておらず、妻もすぐには職が見つからない状態。生活費や入院費で大金が入用となり、貯金だけでは足りず、一部を借金するはめになってしまいました。

いつか、夢だったインテリアの勉強をしに海外に留学しようとお金を貯め始めたD子さん・31歳女性・インテリアショップ勤務。目標の200万円が貯まったのはいいのですが、いざとなると、留学にお金を使うのが惜しくなってきました。これだけ景気の悪い中、会社を辞めて留学なんてしたら帰国しても職がないかもしれない、そもそも老後が不安だから この200万円は老後資金にとっておこう……。そう考えたD子さんは、留学はとりやめ、老後や病気に備えてせっせと貯金する日々を過ごしています。

不景気のせいで節約生活が身につきすぎて、知らず知らずのうちに将来のチャンスを逃してしまうことになっているのです。

この二つの例とも、私は全否定する気はありません。お金の使い方は各個人で決めるものだからです。ですが私は、今も将来も納得できる使い方・貯め方をしてほしいのです。

もう一つ、心理面からの理由もあります。「貯金を目的」にしてしまうと、寝ても覚めても貯めようと考えてしまい、それがストレスとなって、あるとき一気に反発してしまうことがあります。タバコやお酒といった嗜好品でもそうですよね。やめなければ、と意識しすぎて挫折してしまうことがよくあります。

「お金を貯めよう、なるべく使わないようにしよう」と意識しすぎると、今度はお金を使うときに、過剰な罪悪感にとらわれてしまうのです。罪悪感が発生すると、たとえ使うべきところに使ったとしても、すっきりしない気分が残り、上手にお金を使えなくなります。それが、貯金を続けられない原因となってしまうのです。

ここでも、メリハリが大切になってきます。第1章でもふれたように、服を買う予算の中で、高いものと安いものを使い分ける。旅行であれば、泊まるところは安くおさえて食事は豪勢にするといった具合です。

これは同じ項目（被服費の中でのメリハリ、旅行予算の中でのメリハリ）での使い分けですが、上級者になると、全体の支出から見て、大胆にメリハリをつけられるようになります。費目の垣根を越えて、比較ができるようになるのです。

たとえば、毎月のお楽しみとしてのＤＶＤソフトを購入している平均６０００円の支出と、スポーツクラブの月会費８５００円のどちらが、自分にとって納得して払えるのかと、比較・検討するようになるのです。
当たり前のようにも思えるかもしれませんが、人は同じ費目の中でのことならどれが不要でどれが必要と判断できますが、異なる費目からどれかを選んで削るとなると、上手に判断できなくなるのです。ＤＶＤソフト代も、スポーツクラブの月会費も、そもそもこの二つとも必要なのか、という比較・検討ができなくなってしまう傾向があるのです。
話を戻しますが、ＤＶＤ購入は費目でいうと娯楽費でしょうか。スポーツクラブの会費は、教育費とする人が多いです。自分をリフレッシュするということでは、同じような部分はあるでしょう。ですが、複数のことをやろうとする気持ちを一時的にでも分けてとらえ、選択を決断していく力が、貯蓄したい人には必要なのです。

こういったことにより、場合によっては、不要な支出項目ごと思い切ってカットして、まとまった金額を浮かせられるようになるのです。そして、余計に貯金に手ごたえを感じられるようになっていくのです。

人間の欲望は無限ですから、使いたいもの全部にお金を使うことはとうてい無理です。

それでは家計は絶対に破たんします。しかし、最初から支出項目ごとカットする節約方法は難しいものです。**まずは、小さな支出項目の中でのメリハリをつける練習をしていきましょう。**

家計簿はまず要らない

貯金というと、「やっぱり家計簿が必要ですよね！」と意欲満々に、まっさらな家計簿を用意する方が大勢います。ですが、私はあわててストップをかけます。

実は、貯金初心者が、家計簿を使いこなすのはかなり難しいのです。

まず、お勧めしているのが拙著『年収200万円からの貯金生活宣言』（ディスカヴァー刊）でご紹介した方法。すなわち使ったお金を単純に「消費・浪費・投資」の3つに分ける記録方法です（これは、続編で書き込み式の『90日間 貯金生活実践ノート』（ディスカヴァー刊）を使うと、非常に簡単で高い効果が上がります）。

この方法で、自分のお金の使い方を理解してから、家計簿に移行するのが、私のお勧めするベストルートです。

では、どうして初心者が家計簿からスタートするのがよくないのか分かりますか？
それには、「「消費・浪費・投資」の3つに分ける方法」（以下、実践ノート形式）と「家計簿」の長所と短所をそれぞれ知っていただくのが最適だと思いますので少しふれます。

まずは、実践ノート形式の長所と短所です。
長所：自分が日ごろどんなお金の使い方をしているのかの全体像が把握でき、このままだと将来はどうなるのかまで予測できる（自分への「投資」がされているのか？　などで）。
短所：細かい費目を集計していないので、何にいくら無駄な支出があるといったことまでは把握できない。

次は、家計簿の長所と短所。
長所：細かい費目まで集計するので、現在の無駄な支出項目とその金額を把握できる。
短所：現状の支出金額は把握できるが、将来が予測しづらい。分かるのは最近の過去だけ。

ちょっと漠然としているので分かりにくいでしょうか。解説してみましょう。実践ノート形式ですと、水道代や光熱費といった費目ごとの集計はしないので、たとえばガス代が高すぎるといった細かい部分まではカバーできません。その代わり、家計に「浪費」が占める割合が高すぎるといったことに気づけるのです。すると、現状だけでなく、このまま「浪費」をし続けると、3年後や5年後など、将来どのような家計状況になるのかをたやすく予想できます。いわば、自分の体質を知って、将来の健康状態を予想するようなものですね。

一方、家計簿形式ですと、水道代や光熱費、被服費といった項目ごとにいくら使っているのかを細かく記すため、把握が容易です。ですが、細かい項目でしか見ないため、全体像を把握するには不向きです。

つまり、水道代が高いから節約しようと、一つ一つの項目には対応できますが、全体的に無駄遣いが多いことには気づきにくいのです。また、家計簿はあくまで現状であって、将来どのような家計状況になるかが見えづらいのも、初心者にはお勧めしない理由の一つです。

以上のような理由から、初心者の皆さんには、まず実践ノート形式で、自分のお金の使い方のクセを知ってもらい、そのあと家計簿に移行するように指導しています。

また、私自身も面倒くさがりやなのでよく分かるのですが、家計簿は細かい項目まで厳密に記入すると、なかなか続けづらいもの。ですが、実践ノート形式なら、使ったお金を「消費・浪費・投資」の3つに分けて書き出すだけです。これを週1回といった、自分の好きなペースで集計していけばいいので、負担がぐっと軽くなります。

そして最大のお勧めポイントは、自分のお金の使い方に気づける点です。

「消費・浪費・投資」の理想割合は 70：5：25 ですが、これは目安でもあり、目標値です。

まずは現状の使い方の割合を見ることが大切です。今、投資がゼロであっても、意識することが変化への一歩となっていくのです。

消費・浪費・投資に分けるというこの方法、通常は買ったあとに仕分けし、割合などを検証して意識していくのですが、慣れてきて、身につけば、買ったあとではなく「買うとき」に意識ができるようになります。そうなると、さらに効率的なお金の使い方になっていきます。ぜひ、それくらいまでに到達してほしいです。この習慣が身についてきたら、使い方にメリハリがつき貯めることにも拍車がかかるはずです。

また、私は「消費・浪費・投資」への割り振り方の指導はしません。あくまで自己判断にゆだねています。つまり、「今月の飲み会代は、人脈作りだと考えればぜーんぶ投資に入れちゃおう!」という考え方もＯＫです。ですが、それが3カ月も続くと、さすがにご本人も気づきます。「3カ月連続『投資』が多いわりに、いつも家計が大ピンチだし、意欲的に参加しても飲み会からの発展は何もなさそう……もしかして、これは使いすぎ?投資じゃなくて浪費なのかもしれないなあ」というふうに。

自分で気づくことが一番大切なのです。自分で気づかない限り、他人からいくらいわれても変わりません。だからこそ、まずは実践ノート形式で、自分を知る作業からスタートしてみてください。

いくら使ったか、ではなく、どのような使い方をしたのか、その中身を意識することが最優先となるのです。

「なんとかなるさ」といった心理・生き方、増加中！

家計相談の現場で、最近気になっているのが、自分の将来に投げやりな方々、いわゆる「あきらめ族」が増えてきていることです。相談にいらしているのですから、本当は投げやりではないと思うのですが、不況による経済状況の厳しさや、政治の先行きの不透明感からか、どこか「あきらめてしまっている」印象を受けます。**特に、20代、30代といった若い皆さんに「開き直り」のようなものが感じられるのです。**

たとえば、意外とよく聞くのが、「老後資金に結婚後の子どもの教育資金、それに住宅資金まで……。準備しなきゃいけないとは思っていますけど無理です。だから老後は老後でなんとかなるから、今はお金のことをいろいろ考え込まずに暮らしたいんです」といった発言です。

もちろん、まだ起きてもいない事態に対して不安になりすぎてしまうより、ある程度楽観的になることは重要です。ですが、難しいことは深く考えずになんとかなるという姿勢は、お金についてだけでなく、生き方自体に大きな影響を及ぼしてしまうのではないかとも思うのです。

後述しますが、お金のことに真剣に向き合えない方は、自分自身の人生にもきちんと向き合うことから逃げているようにすら感じます。

一度しかない人生、自分の納得のできる生き方をしてほしいというのが、私の本音です。ですから、そのような方々には、つい熱く語ってしまいます。

お金が足りないばかりにチャレンジできなかったとか、若いころ浪費しすぎて老後非常に後悔したとか、というような人生を送ってほしくないのです。だからこそ、20代、30代の皆さんには、まずはお金を上手にコントロールして、自分の人生をプロデュースできるようになってほしいと思います。

節約疲れ……？ちょっと贅沢したい！

長引く不況で、貯金・節約ブームがすっかり定着しましたね。でも、雑誌を開けば節約特集、テレビをつければ激安情報と、なんだかいつも追いかけられているような気分の方もいるのではないでしょうか。

貯金や節約を始める人がおちいりがちなステップは次の通りです。

1　貯金・節約するぞ！　と必要以上に張りきる
2　しばらくは極端な生活をがんばって続ける
3　続ければ続けるほど、お金を使うことに罪悪感を覚えてくる
4　お金を使わないようにする日々をつらく感じ、疲れていく
5　タガが外れて、「ちょっとぐらいいいだろう」「がんばっている自分にごほうび」、と

6 貯金・節約に挫折する。「やっぱり私は貯金できない……」と実感する ばかりに、高いものを買う

うーん。最初にやる気があっただけにもったいないですね。いったいどこがいけないのでしょうか。

最大の原因は「楽しんでいない」ことです。拙著『年収200万円からの貯金生活宣言』シリーズでも何度もお伝えしていますが、成功のポイントは「楽しみながら貯める」こと。極端な生活を送ると、いつしか貯金・節約が拷問のように感じられてしまいます。そうなると、長くは続きません。

たとえば、節約テクニック本や主婦向け雑誌の節約特集。仕事柄、私もときどき目を通しますが、労力や意思の強さが必要となり、難易度が高いものがある、もしくは、そこまですべきなのか、というのが、私の率直な本音です。

20円、30円のお得のために遠いスーパーマーケットに足を運ぶ一方、リボ払いですごく

高い利息を払っている方。

無駄遣いをしていると、その罪悪感を打ち消すために、節約をする、節約が言い訳になっている方。そういう方も多いと思います。

残念なのは、紹介されているテクニックが「継続」を前提としていないことです、継続しなければ意味がないのに。読者の皆さんに追跡調査をして、継続率を調べてほしいくらいです。


節約本や雑誌の節約特集の読者さんは、いわば「永遠の初心者」。新しい節約を知るたびに実践して、でも大変だから続かない。その繰り返しでは、いつまでたってもうまくいかないでしょう。

継続するには、つらさ、厳しさは大敵。節約生活に、いかに楽しみを持ち込めるか、がカギなのです。大きな楽しみである必要はありません。○万円貯まったら、大好きなラーメンやスイーツを食べに行く。映画好きなら映画観賞をいっさいやめるのではなく割引チケットを使う、といったささやかな楽しみでいいのです。

やっぱり自分軸

そして何より大事なのが、そういった楽しみや工夫を〝自分で〟作り出していくことです。マスメディアの情報は、いわば他人の考えたもの。ヒントにするにはいいのですが、本当にあなたにとって必要なもの、あなたにとって楽しいことは、必ずしも他の人とは同じではないはずです。

すぐにベストの方法を探しあてなくて構いません。模索しながら、「自分軸」をしっかり活用しましょう。これから本書の中でも、この「自分軸」という言葉が出てきます。その都度少し立ち止まり「自分にとって」ということを意識しながら読み進めてほしいと思います。

お金は銀行に預けなさい！

景気が悪く、収入は減ることはあっても増えることはない。低金利時代が続き、銀行に預けても利息はほんのわずか。老後やもしものときに備えて、少しでもお金を増やしたいという思いは誰もが持っていることでしょう。そんな中、少しでもトクをしたい＝株式投資をしてみよう！　と考える方も多いと思います。

株を買っている、いわゆる一般投資家には、大きく分けると2種類います。

1　株の売買による収益や配当益を見込み、株価を常に気にする人

2　株の売買に興味はなく、株主優待の内容でトクをしたいと考える人

私自身も株は持っています。ですが、株でもうけようとは毛頭思っておらず、老後の資金として、もしくは不測の事態になってしまったとき、はたまた、そうならなかった場合は、家族や子どもにでも残せればいいと思い、所持しています。

そのようなスタンスのせいか、成果もなければ、失敗や損失もありません。

そんなのんき者がいうのも失礼ですが、1をお考えの方は要注意です。

めったにないこととはいえ、JALの株式のように、昔は高値でも経営が悪化し、あげくの果てに破たんしてしまい、株券が紙切れ同然となってしまうこともありうるのが、株式投資の怖さです。そこで財産を失っても生活に影響がない人は始めてもいいと思いますが、そうでない限りは、日々の貯金や節約に励むほうがよほどリスクが低く、効果が高いのです。

それから、2をお考えの方。

雑誌で株主優待の内容を見ると非常に魅力的です。株主配当はほとんどないものの、保有株数に応じておこめ券や野菜ジュース、油、洗剤といった日用品が豊富だと、そのお得感にひかれる方が多いようです。ですが、**いい方は悪いですが**企業はそういった原価の低いエサを使って、一般投資家の資本をあてにしているのです。いってみれば、一般投資家の利益より企業としての利益を重視しているわけです（もちろん、仕方のないことですが）。このように、その企業に利用されていることをしっかり理解したうえで、納得のいく株式購入をしてほしいと思います。

もちろん、適正な家計管理ができ、お金のリテラシーも十分にある、そのうえで株式投資についてもしっかり勉強した、ということなら、ぜひ投資にチャレンジしてください。

その際、短期間でのリターンは期待しないでくださいね。中長期に保有したうえでのリターンを見込みましょう。また、あくまで余剰資金でおこなうことが鉄則です。大切な老後資金や教育資金に手をつけては、失敗したときにダメージが大きすぎますからね。

ちなみに、次のページで私の例をご紹介しましょう。

まったくもって、守りの姿勢です。でも投資をいっさいしないわけではありません。少なくても少しずつ増やす投資は、知識と資金さえあればお勧めです。

横山式ポートフォリオ

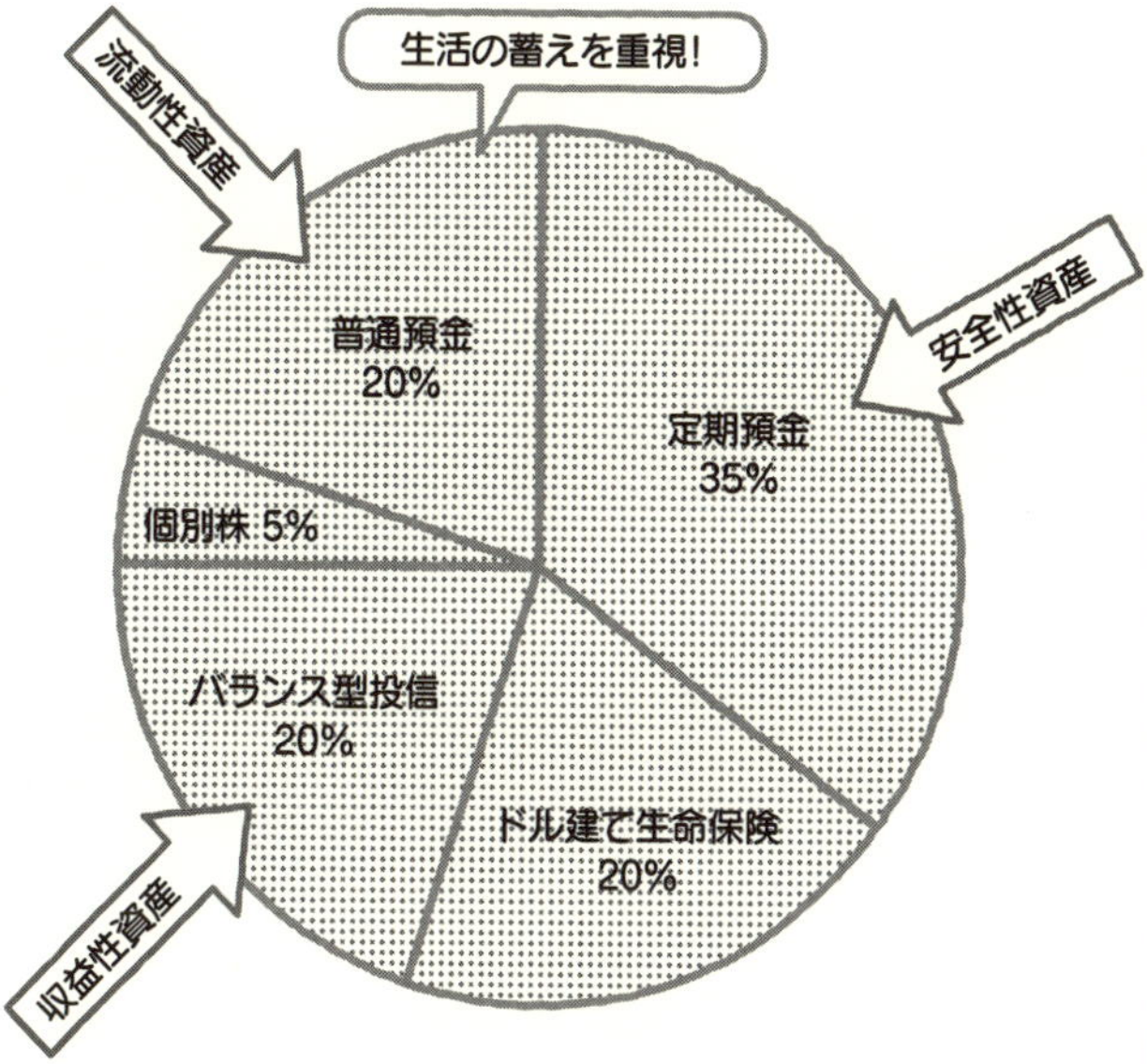

私は家族が多いので、生活費の備えを最重要視しています。あくまで、預貯金が基本で、自由に使っても差し支えのない額で、低リスクの商品に投資をしています。これは、私のケースですが、ライフスタイルに合わせたポートフォリオを作成するとよいでしょう。

家庭は会社！
〝家庭経営〟の発想を

第1章の最後の「お金のことは自分一人で考えるしかないの？」という項目で、誰かと話し合うことで、家計管理がうまくいくようになることをお伝えしました。

本書をお読みの30代の皆さんは、ライフスタイルが千差万別だと思います。結婚が早くもう中高生のお子さんがいる方、まだ赤ちゃんの子育てにてんてこまいの方、夫婦共働き（ＤＩＮＫＳ）の方、独身生活を楽しんでいる方……。いずれの方にとっても人ごとではなく、家計管理の大切さをぜひ知っておいていただきたいと思います。

ここでは、それをさらに深めて家族やパートナーが一致団結して、家計を一つの会社のように運営することのすばらしい効果をご説明します。

お金における男女の違い

家族や夫婦という単位で考える前に、「お金における男女の特徴の違い」を押さえておいてほしいと思います。

お金のことで個人差はあっても、男女差はないのでは？　というご意見もよく聞きます。私もかつてはそう思っていました。ですが、４８００人を超える家計相談を経た結果、「男女差はあなどれない」ことを実感しています。

差別ではなく、あくまで性質の違いです。これをあらかじめ押さえておくことで、家族や夫婦間におけるマネー運営がぐっとラクになってくるのです。

男性

主に外食による食費、交際費、趣味・娯楽・嗜好品、車といった生活に必要でないもの、外面が関係することにお金を使いがちです。

←　というわけで、男性の消費傾向は……

・お金にあまり執着せず、手にした収入は使ってしまいがち。
・お金について細かくいうと、人からどう思われるかを気にする見栄っ張り。
・カッコつけて「人生は金じゃない！」なんていいたがる建前も。

といった傾向がやはり強いと感じます。

うーん。まさに若いころの私そのもの。私も含め男性は、ちょっとおバカなのかもしれません。

一方、女性はどうでしょう。

女性

衣服、住居費、通信費（携帯電話代を含む）、健康・美容、日用生活品、インテリアや雑貨など、日常生活に関する出費が多いのが特徴です。

←　というわけで、女性の消費傾向は……

・建前より本音を重視。「生活」することをまずは考える現実主義。
・お金がないと生きていけない、自由がきかないことをよく理解している。
・したがって、日常生活で無理のない節約ややりくりに男性より抵抗が少ない。

という傾向が強いと感じます。

男女ともに少々強調して表現しましたが、一般的にはこのように、お金に向き合う際の男女差はしっかりとあるのです。


ちなみに、私のところに家計相談に来られる方の男女比率は2：8。圧倒的に女性が多い状況です。これはお金に困っている女性が多いというよりも、お金の問題に逃げることなくしっかりと向き合うことができる女性の強さと現実的な側面をあらわしているととらえています。

さらには、この現実主義が女性に人生で大きな決断をさせることも多々あります。子どもが独立し、年金がもらえるようになるとあっさり離婚に踏み切る女性、膨大な借金をひそかに作った夫、働こうとしない夫に、いさぎよく見切りをつける女性を、私は大勢見てきました（男性の私としては、こうした女性の大胆な行動に恐ろしさを感じるばかりです……汗）。

また男性と女性における性質の違いからでしょうが、女性は目の前の状況を比較的細かく把握することは得意であっても、全体像を数字を使って把握することは不得意ともいえます。

実は、そこを補うのには男性がベターなのです。会社（仕事）でそのような数字のとらえ方をしてきた訓練の成果か、女性とは逆に大きく把握することが得意なのです。

つまり、男性（夫）は消費・浪費・投資という仕分け作業が適切にでき、経営的な判断が長けているという副産物を持っているという場合もあるのです。だからこそ、二人そろって、足りない部分を補いつつ、家庭という会社を経営していくことに、より大きな意味が加わっていくのです。

総括すると、男性は「お金を横目で見る」、女性は「お金を真正面から見る」といえるのです。

この特徴を知ると、かつての「男性は外で働き、女性は内で（家庭を）守る」という役割分担だったことや、家庭のお財布の主導権は女性が握るという通例も、あながち的外れでもないのかもしれません。

もちろん、女性であっても見栄っ張り、男性であっても倹約家の方もいます。ですが、大まかに男女の違いを知っておくことは大切です。

それでは、男女の違いを知ったところで、それを家族・夫婦の生活運営にどう生かしていくかを考えてみましょう。

第一章で、「お金との付き合い方で、その人が自分の性格を把握しているかどうか」が分かると書きました。独身時代なら、ある程度行きあたりばったりでもいいでしょう。迷惑をかける相手は自分自身ですからね。

ですが、家族やパートナーといった守るべき存在を持つと、そう無頓着ではいられなくなります。自分自身に責任を持ち、パートナーと力を合わせて、生活経営力を上げていく視点が重要となるのです。

まずは、パートナーに大切な要素とは何でしょうか。昔と異なり、「新時代の３K」という基準が今は重視されているようです。

1　価値観の合致
2　金銭感覚の合致
3　雇用形態の安定

非常にうなずける3要素です。この3つを押さえれば、うまくいくでしょう。

たとえば、金銭感覚。結婚前はこの違いに気づかず、後悔する人も多いのです。

「結婚してわずか3日目にして何の相談もなく、夫が膨大な住宅ローンを組んで、田舎の両親に住宅を買ってしまった」と青ざめて相談にやってきたA子さん（28歳・パート）のケース。

A子さんご夫婦は東京に住み、田舎に帰る予定はないにもかかわらず、です。住宅ローン返済の担い手は、夫と自分（妻）。「これって、おかしくないでしょうか？」と呆然とするA子さんに、私は同情してしまいました。

よくよく聞くと、夫に悪気はないのです。単に、親孝行したくなっただけ。でも、後先を考えないで行動してしまい、しわ寄せは妻にきます。おそらく今後も夫のこの傾向は続くでしょう。A子さんはこれからかなりの時間をかけて、夫の金銭感覚教育をしていかざるをえません。

これは極端なケースかもしれませんね。ですが、パートナーとの金銭感覚が違いすぎて、トラブルになるケースは非常に多いのです。

このように金銭感覚の違いはかなり問題ではありますが、家計のプロとして、もっとも重要なものを一つ選べといわれたら、私は1の「価値観の合致」をあげます。

正直、金銭感覚は価値観さえ合っているご夫婦なら少しずつ変えていくことができるのです。お互いに欠点や弱点があっても一緒に力を合わせればいいわけですし、夫（妻）の金銭感覚に問題があっても、妻（夫）が支えるということもできます。パートナーのために、結果を出そう、がんばろうという気持ちってありますよね（私は若くして結婚し、失業して借金を作ったりしたので、ことさら妻に対してそのような気持ちを持ってがんばってきました）。

むしろ、そんなふうに一人よりも二人のほうが強いのです。一人一人では弱い人間だからこそ、「生き抜くために夫婦が力を合わせること」が、結婚のそもそもの原点なのではないでしょうか。

協力して生活経営力を上げられるという意味からも、結婚はお勧めです。

第3章

今から3年生き抜くマネープラン
——最低限のマネーリテラシー

最低これだけは知っておかなければならないこと

第1章と第2章で、お金についての考え方を理解していただけたと思います。この章からは、より実践的な内容をお伝えしていきましょう。まずはこれから3年を生き抜くマネープランについてです。

長引く不況や不安定な国家財政を考えると、遠い将来どころか、これから先3年だって安泰かどうか心配で……という方は多いと思います。ですが、むやみに不安になっても意味がありません。まずは、お金についての最低限の知識を身につけましょう。知識があれば、自衛できるのですから。

家計相談の現場では、数多くの方にお会いします。もちろんお金の面でなんらかの問題を抱えている人が大半です。

そこで毎回驚くのが、節約や投資特集の雑誌や、いわゆるマネー本がこれほどあふれる現代社会にいながら、最低限のマネーリテラシーを持っていない方が大勢いることです。そして残念ながら、**その最低限のマネーリテラシーの有無が人生を大きく左右してしまうのです。**

これからご紹介するマネーリテラシーはごくごく基本的なことです。見出しだけ見れば、「それぐらいならとっくに知っているよ」と思われる方もいるでしょう。ですが、過信は禁物です。知っている方は再確認するために、そして知らない方は時代を生き抜く武器を身につけるつもりでしっかりと理解しておきましょう。

クレジットカードについて

今はまさにクレジットカード全盛の時代。カードがなければとても不便ですよね。そんな中、他の著書でも、一貫してクレジットカードの危険性を唱えている私は異色の存在かもしれません。

ですが、何度も申し上げているように、クレジットカードの仕組みを理解していない人にとって、カードは家計のキャッシュフローを狂わせる元凶なのです。

クレジットカードには、実はさまざまな落とし穴があることをご存じですか？

まず、最大の落とし穴は、手元に現金がなくても、品物やサービスが購入できる利便性。魔法のお財布ですね。お金がたくさんあると錯覚してしまい、翌月の引き落としの際に適正な範囲を超えて使っていることに気づく。そしてお金が足りないのでまたカード払いをしてしまうという、悪循環にはまってしまいます。

ちなみに、品物が手元にあったとしても、支払いは先送りなわけですから、支払いが完全に終わるまでは、品物の所有権はカード会社にあります。そこを勘違いしてはいけません。このように、カード払いは「手持ちの金額の中でやりくりして暮らす」というもっとも基本的な家計の流れを大幅に壊してしまうのです。

とはいっても、金利のかからない範囲での一括払い、ボーナス払い、分割払い。これはさほど問題ではありません。金利がつかないので、手元の金額の中でやりくりしていくしかありませんからね。

私が特に問題視しているのが、「リボルビング払い」と「キャッシング機能」です。残念ながら、お金に問題を抱える人の多くが、このどちらかの罠にすっかりはまり込んでいます。

それでは、ここで質問です。リボルビング払い（通称リボ払い）とは何でしょうか？

そして、リボ払いの金利は何パーセントか知っていますか？

即答できる方は、マネーリテラシーが備わっている方です。しかし実際にはなかなかいないのが現状です。

まず、リボルビング払いとは、代金を利用件数とは無関係に、毎月定額返済することによって合計残高を減らしていく返済方法です。その金利は、一般的には15パーセント程度です。

つまり、残額がある限り、15パーセントの金利がかかっていくのです。たとえば、月1万円のリボルビング払いを設定していたとしましょう。8万円の買い物をした場合、単純に月1万円の返済を8カ月繰り返すわけではありません。常に残金に金利がかかっていくのです。

いかがでしょう?

手持ちの現金が少なくても高額商品を買えて、しかも月々の返済は定額ですむ、といったリボ払いのメリットの裏には、金利をいつまでも払い続けさせようという仕組みがひそんでいるのです。このことを知っていれば、リボルビング払いなんて選ばなかったのに……という相談者の方は大勢います。だからこそ、マネーリテラシーは必要なのです。

もう一つ、忘れてはならないのが「キャッシング機能」です。

クレジットカードの利用者が、限度額（例：50万円）まで、カードの信用を利用してお金を借りることができる機能です。銀行による融資とは違い、普段使っているカード1枚で必要な金額を気軽に借りられるキャッシング機能ですが、ここにも大きな落とし穴があります。キャッシングといえども、借金に変わりはありません。

このキャッシングの一般的な金利をご存じでしょうか？

キャッシングの金利は、年利18パーセント程度です。つまり、ざっくりいうと、キャッシングで100万円借りたら、数字の上では、1年後には118万円にして返さなくてはならないことを意味します。18万円が年間での金利です。月にして1万5000円です。高いですよね？

ですが、この金利、以前はもっと高かったのです。2010年6月の改正貸金業法で消費者金融やキャッシングの金利が改正されたのですが、それまでは、なんと29・2パーセントという上限金利だったのです。100万円借りたら、年間129万2000円返済しなくてはならないという高金利（2000年5月までは、なんと上限40・004パーセントでした）。

あまりに高いので、利用者が借金の悪循環から抜け出せなくなることを危惧して、国が規制を強化したというのが現状です。

もちろん、高金利は問題です。ですが、私は利用者のマネーリテラシーがもっと大切だと思うのです。

正直なところ、右にあげた金利を、正確にご存じの方はいらしたでしょうか？　数字までは知らなかったとか、なんとなく……という方はいても、結局は知らない方が圧倒的です。そして、知っていたら安易に利用しなかったのに……と、悔やまれる方も大勢います。

インターネットショッピングやポイント制度の発達で、カード利用へのハードルはどんどん低くなっています。細かい話ですが、ペーパーレス化の普及で、以前は定期的に届いていた利用明細書が自分から請求しない限り届かなくなっていて、毎月の利用額にすっかり無頓着になっている方もいることでしょう。

つまり、あの手この手で利用させられているのです。利用者側は、決済の仕組みやカード会社の意図を知ったうえで、賢く利用しなければ、ボロもうけの種にされてしまうだけ。だからこそ、ここで申し上げたような知識は最低限持っておきましょう。

総量規制って何のこと？

２０１０年６月18日より貸金業法が改正され、総量規制という制度がスタートしました。新聞やテレビでもだいぶ話題になったので、言葉は知っているという方も多いのではないでしょうか。

ですが、制度の目的や詳細、その施行がもたらす私たちの生活への影響については、正直なところ、よく知らない方ばかりだと感じます。

まずは、大まかなことを知っておきましょう。

総量規制とは、お金を借りることができる上限金額を、年収により制限する制度です。上限は年収の３分の１です。つまり、年収３００万円の人ならば１００万円が借りることができる上限の金額です。

また、１社から50万円以上の借入をする場合や複数の会社から合計１００万円を超える借入をする場合は所得の証明が必要になります。さらに、専業主婦には夫などの同意が必要になります。

こんな制度では何も買えない、と思われる方もいるかもしれませんが、「除外」「例外」というものがあります。**住宅の購入、車の購入、高額医療費などは「除外」とされ、総量規制には含まれません。**

「例外」は、借りた金額は総量規制の金額に含まれるけれども返済能力があると認められる場合に利用できます。たとえば一時的な所得減などで低所得が継続しない場合などは「例外」として扱われ、総量規制の範囲以上の金額を借りることができるのです。

この総量規制は「改正貸金業法」の中の一つの制度です。ですから、貸金業法の及ぶ貸金業にしか適応されません。消費者金融、クレジットカードのキャッシングなどです。

銀行からの借金などは「銀行業法」で管理されるので、総量規制の対象には含まれません。ですが、もともと審査の厳しい銀行ですから、なんらかの形で影響が出てくると考えられますね。

また、クレジットカードでもショッピング枠（分割払いも含む）は経済産業省の管轄となり、「割賦販売法」での規制になります。そのため、総量規制の対象にはなりません。しかし、キャッシング枠は金融庁の管轄となり、規制の対象となります。

少しややこしい説明になってしまいましたが、こういった複雑な制度ができた背景には、多重債務問題があります。被害者を少なくするために、商売として積極的にお金を貸している貸金業者の貸出金利や取り立て方法、貸し出しできる金額を規制し、違反者には刑事罰を与えるとすることで、借金苦に悩む人々を作らないようにしよう、という目的があるのです。

この総量規制がもたらす社会的影響については、諸説あります。

今までのように消費者金融やカードのキャッシングをあちこち渡り歩き、借りすぎて返済できず、借金地獄におちいるという悪循環が断たれる希望がある一方、どうしても当座の現金が足りないためにお金を借りたい人が借りられなくなり、ヤミ金融のような違法な業者を利用する人が増えるのではないか、という危惧もあります。

スタートしたばかりの総量規制。たしかに賛否両論はありますが、私個人は、規制の意味があると信じています。とはいえ、今まで消費者金融やクレジットカードのキャッシングを利用していた人はどうすればいいのか、という疑問はあります。

しかし、利用できないからこそ現実と向き合うチャンス。**なければないなりに、手持ちのお金の範囲内で暮らす術を探すのが、横山式なのです。**

借金がかさんで首が回らなくなっている人は、今までならば別の消費者金融やクレジットカードからのキャッシングからまた借りるという悪循環にはまっていたでしょうが、今後はそうもいかないので、真剣に借金整理と向き合わざるをえなくなります。そうなれば、状況に応じて自己破産や任意整理などを選ぶことができます（ちなみに、任意整理では、専門家の指導のもと借金の返済を3～6カ月程度ストップでき、その間に家計を立て直すことができます。債務は3年などの長期分割での返済となります）。これまでの悪循環の結果の借金をここでキレイに清算するチャンスでもあるでしょう。

ボーナスはあてにしない！
――毎月の収入の範囲内で生活する

クレジットカードの項目でも書きましたが、お金についてはやはり「ない袖は振れない」という現実路線でいくのがベストです。つまり、見栄や欲望に振り回されず「自分の収入の範囲内での生活をする」という地に足のついた生き方を、お勧めします。

サービスや商品の内容と価格が多様化しているこの時代、お金がある人もそうでない人も、消費の喜びを味わえます。歯止めがきかなくなっている部分もあるのかもしれません。だからこそ、(しつこいようですが) 必要なものと不要なものを手持ちのお金と相談しながら決めていくための自分軸が大切なのです。

それをしみじみ感じるのが、「ボーナス」という制度です。少し前までは、夏と冬の年2回必ず支給されるのが、高度経済成長期の年中行事でした。カードのボーナス払いはそういった時代背景から生まれたものですし、ボーナスが入ったらお寿司を食べに行くとか、高い家電を買うとかが、習慣のようになっている方もいるのではないでしょうか？

ですが、いつのころからか、ボーナスは「確実にもらえるもの」から「大幅に減るかもしれないもの」「景気によってはもらえないもの」に変わりました。そもそも「ボーナス制度すらない」という会社も多くありますよね。

正社員であってもボーナスがない人は4割というデータもあることですし、今後は「ボーナスをあてにしない」生き方をすべきだと思います。

ボーナスがなくても、毎月の収入の中で生活をする生き方こそ、地に足のついた生き方だと思います。

毎月の「フロー」があって、「ストック」ができる

「自分の収入の範囲内で生活すること」をしつこいぐらい申し上げていますが、それには私なりの理由があります。昨今の貯蓄ブームで、ストック（預金・貯蓄）ばかりに目がいき、毎月のフロー（家計のお金の流れ）がおろそかになってしまう方が多いのです。特にそれは、株だとか投資信託、ＦＸなどの投資を懸命にされている人に、その傾向が多いと感じます。

まず、フローありきです。健全なフローがあって初めてストックを積み重ねることができるのです。

毎月いくら残せるか、を重視するあまり、プロセスがめちゃくちゃだと、長く続かず結局は破たんします。

例をあげて分かりやすくお伝えしましょう。

会社員のAさん、独身の35歳。毎月の収入が30万円です。そのうち生活費その他もろもろが25万円。2万円を毎月資産運用に、3万円を預貯金に回すという基本ルールにしているとします。ですが、そうはいっても、月によっては生活費その他もろもろが28万円になってしまうこともあるでしょう。となると、その月は余りが2万円。資産運用と預貯金に回すお金が足りません。さあ、Aさんはどうすればいいでしょうか。

ストックばかりを重視する人は、ここで無理をしてしまうのです。余剰資金が足りなく赤字なのに、無理をして（場合によってはクレジットカードを使ってまで。つまり借金をしてまで）資産運用にお金を割こうとします。そこまでしておこなった投資にはたして、その分のリターンはあるのでしょうか。あるはずもありません。

まったくもって本末転倒です。投資や貯金はあくまで、健全なフローの結果として成り立つのですから。

フローとストックの大原則、お分かりいただけましたか。

理想の貯金額

――年収の半分を貯めてからスタートしよう！

貯金に関する本を出したこともあって、貯金に関するご相談も多くいただきます。その中でもっとも多いのが、「最低いくら貯めれば心配ないですか？」「理想の貯金額はいくらですか？」という質問。

老後や教育のための貯金については別途考えるとして、**私は通常「まずは年収（手取り）の半分を貯めましょう」とお答えしています。**

ではその貯め方をお伝えしましょう。まず、私は次のように収入を分けるという理論を唱えています。

消費：70パーセント
浪費：5パーセント

投資：25パーセント（貯金を含む）

この中で、投資25パーセントのうち、5分の2から5分の4ぐらいを貯蓄してほしいと考えています。つまり、全体の収入のうち10～20パーセントですね。

年収の半分を貯めるためには、この投資から貯金していきます。

「毎月の収入の16・7パーセントを3年間（36ヵ月）コツコツ貯め続ける」

すると、3年間でちょうど年収（手取り）の半分が貯まる仕組みです。

そして大切なのが、まずはこの「年収の半分」を貯めてから何事も（老後資金や教育資金、資産運用など）スタートするということ。それまでは勉強、学ぶ準備期間です。最初から勢い込んで、あれもこれもと手を出す方がよくいます。貯金も資産運用もといくつも同時に始めようとすると、たいてい続きません。

まずは、突然失業したり病気で仕事を続けられなくなったりしたときに備え、年収の半分を貯めること。

そこで得られるのは、実は貯金額だけではありません。多少のことがあっても、貯金があるから大丈夫、という心の余裕（精神的安定）です。

不安定な現代社会では、この心の余裕が強力な武器となります。

住宅ローンを組むと総返済額はいくらになるの?

お金で困っている方の相談に乗っていると、ある共通の特徴が見えてきます。それは、「掛け算・割り算ができない(しない)」という特徴です。これは決して難しい数学レベルの話ではありません。小学生でもできる算数のレベルです。**お金で問題を抱えている皆さんは、どうやらこの「掛け算・割り算」を日常生活に応用するのが苦手なようです。**

それを痛感するのが、ローンの話題になったときです。人生でもっとも高い買い物といわれる不動産を購入する場合に組む住宅ローンについて考えてみましょう。

たとえば、一般的な35年ローンで3000万円の物件を購入したとしましょう。

ここで、掛け算・割り算が苦手な人は、「まあ金利はつくだろうけど、3000万円の家を買った」という認識でとどまってしまいます。

ですが、お金にシビアな人は、35年間で固定金利3パーセントだとして……総額484

9万円だ！　ボーナス払いなしで毎月返済が11万5000円だな……」なんてことまで考えるのです。

どうでしょう？　3000万円と、4849万円では大きな違いですよね？　3000万円なら買うけれども、5000万円近くまでいくなら買わないという方もいるでしょう。このような考え方をするかどうかが、重要となってきます。

毎日の折り込み広告に不動産のチラシが入っていますよね。そこに単純に「4000万円の物件、お買い得！」と書かれていたとしても、額面通りに受け取るべきではないのです。

「ローンを組んで買うと、4000万にはとどまらず、金利や手数料で結局出費は6500万円近くになる」ということが判断できるようになってほしいのです。

ここではあくまで目安として計算してみましたが、実際には、元利均等（毎回の返済額〈元金と利息の合計〉を、一定の金額とする返済法）、元金均等（毎回の返済元金を、一定の金額とする返済法）など、ローンの支払方法には違いがあります。ですので、目途が立てにくいこともあるのでしょうが、感覚として身につけておきたいものです。

また、インターネットにはローン金利のシミュレーションサイトがあるので、利用してみるのもいいでしょう。

ローンは、住宅以外に使用されないことをお勧めしますが、これが車であっても、この住宅のように考え、とらえてください。300万円の車は、いったいいくらになるのだろうか？　と考え、そのうえで購入を判断されてください。

貯金ゼロでも低収入でも、貯蓄は自分次第で作れる！

「35歳にもなって貯金がまったくないんですけど、もうダメでしょうか。あきらめたほうがいいでしょうか」

なんて相談も受けます。もちろん早くから始めたほうがいいのですが、だからといって遅すぎるということはありません。本書の読者の皆さんの年代でもそうです。今30歳ならあと30年、**35歳ならあと25年は少なくとも働き続けるのです。**

収入が少ないからとか、貯め始めた時期が遅いからというのは、単なる言い訳にすぎません。

実際、年収200万円台といった低所得の方であっても、若い30代という方であっても、貯められる人は貯められ、年収1500万〜3000万円といった高所得の方や、年齢が

50代の方であっても、ぜんぜん貯められない人は大勢います。

年収や年齢で決め付けることなど、絶対にできないのです。もしもそう思っているのであれば、それは単なる言い訳、逃げ道になっているのです。どうせお金は貯められない……、そうあきらめたら、もうそこで終わりです。

いつからであっても、所得が多くなくても、貯めようとする気持ちが失せてしまっては、もう終わりなのです。そう思わない限りは、まだまだこれからなのです。自分次第なのです。

現金で買える車しか買うな！

「現金会計が基本とはいっても、高額商品は無理だよ。ローンを組まなきゃ買えない……」そんなふうに思う方は多いのではないでしょうか。

ですが、それは現代社会の消費習慣に惑わされた刷り込みです。そもそも、手元のお金では足りないなら、まだその品物（サービス）を買ってはいけません。それが、買い物の鉄則です。

「じゃあ、車のような高額商品は一生買えないってこと？」

いいえ、そうでもありません。

たとえば、私は家族が多いため（妻と5人の娘）、大型のバンと仕事用にセダンの合わせて2台車を持っています。北海道に住んでいるので車はなくてはならない足であると同時に、まあ、単純に私が車好きなのです。

でも、2台ともきっちり現金で買いました。ローンでないので余計な金利分の支払いはありません。もちろん、私は資産家ではないのでコツコツ貯めてお金を作りました。

バンには新車で買ってもう10年以上乗っています。家族でしょっちゅう出かけるのですが故障もなく、とてもいい買い物だったと自負しています。セダンのほうは中古で、新車の半分以下の値段で手に入れて非常に満足しています。

ほしいものは我慢しなくていいのです。**貯めるためにお金を稼いでいるのではなく、よりよい人生を歩むために稼いでいるのですから。**

ですが、ここでお伝えしたいのは、自分と折り合いをつけることです。車なら「新車でなければ!」とか家なら「3LDK以上ほしい」とかいった願望は、本当にあなた自身の願望なのでしょうか。家や車についての世間的な価値観に振り回されていませんか?

すべてを満たすには、たしかにローンを組まないと難しいかもしれません。ですが、「スポーツカーに乗りたい」という大きな目標のためなら、それが中古車であってもいいかもしれませんよね。あるいは、「新車」に乗ることが目標なら、買える範囲での新車を選べばいいのです。

ちなみに真のお金持ちは、小さな金額にも非常にシビアです。本当に必要でないものに対しては、ケチです。

たとえば、年収2000万円の自営業の方は、もう20年ほどカローラに乗っています。さほど車に興味がなく、壊れないので乗り続けているそうです。また、保険の内容もしっかり吟味します。「特約の中のこの部分は要らないから、あと500円安くならない?」なんていうことはザラです。月あたりわずか500円という額でも、30年間支払い続けたらいくらになるかを、ササッと掛け算できるのです(ちなみに、500円×12カ月×30年=18万円です)。

見栄を張らず、必要なものにしかお金を出さない。こういう姿勢の方はお金が貯まります。だからお金持ちなのです。

「ローンを組まず、ひたすらお金を貯めなくてはほしいものが買えないなんて……一生手に入らないよ。そんなつまらない人生イヤだ！」という方もいるでしょう。

ですが、必ずしもそうと考えてはいけないのです。

家計相談者の一人、会社員のBさん（41歳・男性）。車が大好きで、2年ごとに新車を買いかえるほどの車好きでした。ですが、そうした浪費癖がたたり、ついに家計は火の車。高額の借金を抱え、債務整理をすることに……。そうなると、もうローンは組めません。では、Bさんは車好きな人生をあきらめたのでしょうか。

いいえ、Bさんはがんばりました。もうローンは組めないので、車を買うとしたらお金を貯めるしかありません。3年間必死に貯めて、また車を買うことができました。

ローンで車を買っていたころは頻繁に買いかえていたBさんですが、驚いたことにお金を必死で貯めて買った車には愛着がわき、４年過ぎた今でも大事に乗っています。

つまり、ローンだから買える、現金では買えない、という問題ではないのです。どうしてもほしいもののためなら人間はがんばれます。本当に自分の気持ちが強ければ、価値観も変わります。買える範囲で手に入れ、物を大事に使うという価値観が生まれるのです。

マイホーム購入は、実はFX投資と同じぐらいリスキー!?

人間なら誰しも、少ない元手で大きくもうけたいという気持ちがありますよね？　ある意味、それの最たるものが宝くじです。３００円が3億円になるかもしれないのですから！　まあ、宝くじを本当に当たると思って買っている方は少ないでしょうが、もうけたい！　という思いでリスクの高い金融商品に手を出して失敗する人は、大勢います。

実際、私のところに相談に来る方も大勢います。残念なことに、少ない元手で大きな金額を取引できるFX投資で大きく失敗する方が特に多いですね。

FX（外国為替）投資とは、50万円しか元手がなくても、５００万円の取引ができるという気軽さに加え、かつうまくもうかったときの利幅がとても大きいことで、人気のある投資商品です。ですが、失敗したときの負け幅も同様に大きいのです。

当たり前ですね、ハイリスク・ハイリターンこそ投資の世界の常識なのですから。

ハイリスクの投資商品には、それを踏まえたうえでチャレンジしてほしいものです。最近はＦＸ投資の失敗例も多くメディアで取り上げられていて、慎重になる人が増えてきていることはとても喜ばしいことだと感じています。ですが、少ない元手で大きな取引をする危険性を熟知している人はまだまだ少ないのが現状です。というのも私は、実はマイホーム購入も、このＦＸと同じぐらいリスクが高いと思っているからです。たしかにマイホーム購入は投資ではありませんが、似ていると思いませんか？　**今手元にないお金で商品を買うという意味では同じなのです。**

・ＦＸ投資：元手50万円　↓　３００万円の取引
・マイホーム購入：頭金３００万円　↓　３０００万円の住宅ローン締結

月々1万円のリボ払いで、20万円のブランドバッグを買うといったクレジットカードの利用も同じですね。この危険性に気づくだけで、ぐっと慎重になれます。

今後3年間のマネースケジュール ——あくまで助走期間

基本のマネーリテラシーをご理解いただいたところで、これから3年間のマネースケジュールを一緒に考えていきましょう。

とはいっても、くれぐれも力みすぎないように。最初から勢い込みすぎると、続きませんからね。この3年間は助走期間だと考えてください。楽しく、心配しすぎず、世間の常識や他人に振り回されないための土台を作る時期です。

この3年間で、次の3つを実現しましょう。

1　自分軸を作る

2　マネーリテラシーを身につける

3　年収（手取り）の半分を貯める

それから、年ごとにやりたいことを箇条書きにしてリスト化していきましょう。

107ページで記した3つの事項と、今後3年間でやりたいことを両立するために、次ページのリストに書き出して整理してみましょう。

3年間という助走期間をきちんとこなし、次のステップに進むための足固めをするためにも、このリストへの書き込みは大きな効果があると思いますので、是非実行してみてください。

今後3年間の“やりたいこと”リスト

1年目でやりたいこと

2年目でやりたいこと

3年目でやりたいこと

「結婚すればお金は貯まる」は甘すぎる発想！

ちなみに本書の読者の皆さんの年代ですと、これからの3年間で結婚を考えているという人も多いことでしょう（既婚の方、すみませんが、しばしお待ちくださいね）

これまでの家計相談の経験から、少々気になるのが「結婚すれば貯金できるようになる」と思い込んでいる独身の方が大勢いること。実のところ、結婚相手の収入にこだわる女性に多いのが特徴です。

もちろん、家庭経営の項目でふれた通り、信頼できるパートナーと一緒にマネープランを考えるのは非常に賢明です。ですが、二人できちんと話し合って力を合わせてマネジメントしていかないと、むしろ逆に作用してしまいます。

たとえば、男性でも「結婚したら妻が家計管理をしてくれて貯金もしてくれる、自分は働いて趣味に没頭できる！」なんて、ムシのいいことを考えている方もいます。

一方、女性も「二人の収入を合わせたらかなりお金を使える！　海外旅行にも行けるし、生活費は夫の収入でまかなって、自分の収入は全部自分のお小遣いにしちゃおう」なんて独身気分のままでいる方もいます。

お互いに力を合わせるのではなく、互いの家計に関して放任主義だったり、秘密主義だったりすると、夫婦のプラス効果は期待できません。その一方、どちらか一方に依存してしまうのも、よくない状況です。

夫婦の力は、マイナスにもプラスにも大きく作用します。くれぐれも浪費夫婦にならないようにしましょう。

貯金で自分を客観視できるようになる

この3年間で基本的な貯蓄力をつけていただきますが、その過程でさまざまな能力が身につくことでしょう。相談者さんたちが次々と再生していく過程で、私が一番うれしく感じるのは、皆さんが「自分を客観視できる力」に目覚めていくことです。

実践ノートや家計簿には、金額だけでなく自分の気持ちを書く欄があります。そこにほんの1行でもいいので、ちょこちょこと自分の気持ちをつづっていくうちに、金額の記録と心の記録が蓄積されていきます。それを見返すたびに、自分の状況を正確に把握できるのです。私はこれを「自分との対話」と呼んでいます。

実は、私のようなファイナンシャルプランナーにあれこれ指導されるよりも、自分で自分の欠点やクセに気づくほうがはるかに治癒率が高いのです。

今まで浪費癖があろうと貯金ゼロであろうと、まったく問題ありません。本書を読んで、30代のうちに、自分の欠点に気づき、自分で治していければいいのです。ここで身につけた能力は、必ずや一生にわたってあなた自身を助けてくれます。

ですから、読むだけではなく、ぜひ挑戦してみて、そこからいろいろと「気付き」を得てください。それにより、自分を客観視することができ、お金を通じて生活にもハリが出てくることでしょう。

第4章

今から10年生き抜く
マネープラン

今後20年以上を生き抜くために

たびたびふれていますが、30代とは非常に多様な人々が含まれる年代です。独身を楽しんでいる方、共働きでDINKS生活を送っている方、幼いお子さんがいる方、中高校生のお子さんがいる方もいるでしょう。あるいは親御さんの介護に追われている方もいるかもしれませんね。

結婚も、するのが当たり前だった時代とは打って変わって、生涯独身を選ぶ方もかなり増えてきましたし、住宅や車も所有という形態ではなく賃貸（レンタル）を選ぶ方も大勢いるでしょう。

このように30代とは、多様な価値観やライフスタイルを持つ年代であることに加え、戦後の高度経済成長がストップして以来ずっと不景気が続き、先の見えない閉塞感の中働き続けてきた世代でもあります。裕福な時代を過ごしてきた団塊世代を親に持ち、そのお金の使い方を常識として学んできているので、今までの常識が通用しない時代となったことに戸惑いを感じている人が多いのが現状です。

そして、この30代とは、あと20年以上は現役として日本を支えるために働き続けなければいけない世代なのです。

私も39歳。働く妻を持つ夫であり、5人の子どもの父です。この第4章では、皆さんと同じ30代として、今後10年を生き抜くための具体的な知識（私なりの考え方）をご紹介できればと思っています。

賃貸VS持ち家、どっちがお得？

「住宅は、賃貸と持ち家、どっちがいいのでしょうか？」

ファイナンシャルプランナーという仕事柄、たびたび聞かれるのがこの質問です。

ですが、一番答えに困るのも、この質問なのです。

なぜなら、「正解がない」からです。

住宅ほど、個人の価値観と生き方によって求められる形態が異なるものはないでしょう。

たとえば、いずれ結婚するつもりの若い方は手狭でも職場に近い（交通の便のよい）場所での生活がいいでしょうし、お子さんがいる方は家の近くに自然の多い郊外の生活を選ばれるかもしれません。

幼子を抱える多忙な共働き夫婦なら、まずは保育園に確実に入れるエリアでの家探しが必須でしょう。転勤が多いので賃貸生活を続け、老後は田舎に家を購入してのんびり暮らす、というライフプランを選ぶ方もいるでしょう。

週末は趣味のサーフィンを楽しみたいから通勤に時間がかかっても、海のそばの一軒家で……というご夫婦もいるでしょうし、親御さんの面倒をみるために思い切って二世帯住宅に改築というご家庭もあるでしょう。将来結婚する気はなく、好きな街のマンションを購入し、自分好みの内装に仕上げておしゃれに暮らしたいというシングルの方も今は増えていますよね。

このように、賃貸がいいか持ち家がいいか、マンションがいいか戸建てがいいか、住むのは都会か郊外か田舎か……といった、ありとあらゆる選択肢の中で、自分（と家族）の人生にとって、何がベストなのかは個人で判断しなければいけないことなのです。

けれども、私は非常に気がかりです。

というのも、住宅情報誌に書かれている美辞麗句をうのみにし、30代はそろそろ住宅購入適齢期、実は今が不動産の適正な買いどき、買うならやっぱり新築！　などといった売り文句に踊らされている人も多いのです。また、最低でも4LDKはほしい、都心に30分以内で行けるところに住みたい、といった、必ずしも自分の価値観やライフプランと関係のない願望を口にする方も大勢います。

不動産は資産価値があるから（当然ローンという名の借金を負って、長いこと返済し続けることになるのですが）、自分にとって投資であり、資産形成の一種だと信じ込んでいる方もいるのです。

賃貸にしても持ち家にしても、莫大な金額がかかります。自分の価値観やどんな生き方をしたいのかを見定めてから逆算して決めてほしいというのが、私の心からの願いです。

まずは、賃貸と持ち家の特徴を押さえておくと、冷静な判断の材料となります（人によっては、メリットがデメリットになることもありますからね）。以下に列挙してみます。

賃貸の特徴

・そのときの生活に合った場所・間取りを選ぶことができる（転勤があるかもしれない、家族が増えるかどうか分からない、ずっと同じ会社にいるのかどうかが分からない人など）。

・住宅ローンによって生活への制限が受けにくい（主に収入減というリスクに強い）。
・住居費としてしか把握しなくてよい（税金や修繕費などは意識しなくてよい）
↓すなわち「自由」であるということ。

持ち家の特徴

・所有していることにより自分の家として安心に暮らせる（特に老後）。
・自分の好きなようにアレンジ（リフォーム）が可能。
・ローン完済後は、住居費が楽になる。
↓すなわち「安心」であるということ。

これらの特徴を踏まえたうえで、自分はどちら向きなのかを検討して、把握しておいてください。

◉迷うぐらいなら買ってはいけない！

何を選ぶかの決断は、あくまで自分の価値観・ライフプランに沿って下してください。

私は、まだ価値観やライフプランが確立されていない方から相談された場合は、柔軟性の高い賃貸での生活をお勧めしています。

将来子どもが何人生まれるか分からないのに、必要以上に広い家を買ったり、転勤がある仕事なのに30歳で家を購入したりするのは、どう考えても早すぎます。また、今の仕事をあと5年続けるかどうか迷っているような状況にもかかわらず、35年ものローンを組んで購入するのはどう考えてもリスクの高い行為です。

こう書くと、そんなこと当たり前でしょう、と思われるかもしれません。ですが皆さん、他人のことなら冷静にそう判断できても、自分のこと、しかも不動産という人生最大の買い物となると通常の買い物では絶対に生じない、さまざまな感情（夢をかなえたい、家を買えば人生が変わる、といった幻想に似た願望）が入り乱れ、なかなか冷静な判断ができなくなってしまうようです。

商業広告にだまされるな！

先ほども触れたように、住宅情報誌やネットの情報過多もその一因でしょうが、情報に振り回されている方が多すぎると感じています。

一人前の社会人ならそろそろ新築マンションを買うべきとか、転勤で家を空けなくてはならない期間も人に貸せるからお得とか、家を持つという夢は必ずかなうとか、イヤでも日々たたみかけるように情報が押し寄せる現代社会。知らず知らず、家を買うことが必要だと強迫観念のように思い込んでしまうのです。

けれども、一歩立ち止まって考えてみてください。住宅情報誌やサイトの運営者にとって、真に大切なお客さんは誰なのでしょう？　もちろん一般読者もお客さんですが、それ以上に大切なのは、雑誌やサイトに出稿料を払って広告を出している不動産会社です。つまりスポンサーの商業広告に踊らされて家を買っている一般消費者は、まさに不動産会社の思うツボなのです。

たとえば、ある住宅情報誌では、まさに「賃貸と持ち家、どっちがお得？」という特集が組まれていました。ファイナンシャルプランナー（ＦＰ）の私の目で見ると、必ずしも客観的な情報ばかりが載っているわけではなく、よく見ると結局は「持ち家がお得！」という結論にたどりつくような条件が設定されており、誘導がなされています。

家を買うなら○○沿線、新築マンションならオール電化と、まるで社会の文化のような顔をして刷り込みをかけてくる商業広告にだまされないよう、自分自身の価値観とライフプランをしっかりと確立することが、非常に大事だと感じています。

資産運用としての不動産購入は危ない！

それから、不動産購入を住居というよりも資産形成の一種として考えている方には、強く警告しておきたいところです。資産運用関連の雑誌では、不動産をいくつも所有し、その運用益で悠々自適の生活を送る人の例がよく取り上げられていますが、あれはほんの一握りです。裏には大量の失敗者がいることを決して忘れないでください。銀行からどれだけ借りればいいのか、今すぐ用意できる頭金はどれほどあるのか、といった計算だけでなく、今後の値上がり状況や借り手や買い手の確保といったことを踏まえると、不動産購入とは株式と同様にハイリスクなのです。

今後の少子化を考慮すると、需要と供給のバランスは確実に崩れてきます。土地余りの状況が発生し、不動産価格は下落し続けるという予想ができますが、それでも外国マネーの流入を考えると、そう簡単にはいかないかもしれません。プロでも予測不可能な事態なのです。

ですから、しつこいようですが不動産を資産運用として考えるのは危険すぎます。あくまで、自分の住む場所の確保として価値観とライフプランに合わせた形態を選んでいただきたいのです。

自分軸を確立したら、決断に自信を持って！

不況が続き、雇用が不安定な現代では、価値観やライフプランを決めたくても決めにくいという実情があります。それを考慮すると、先ほどもふれたように賃貸のほうが圧倒的に有利なのですが、それでも持ち家のメリットもあります。

たとえば、子どもが多く、しかも両親も一緒に住む大家族で、二世帯住宅を探している方や、収入の不安定さから賃貸住宅への入居を断られがちな高齢者の方々は、入居可能な賃貸物件の供給数が少ないので、分譲物件のほうが選択肢も多く、ライフスタイルに合った住宅に住めるという利点もあると思います。

例をあげましょう。

私の知人に、猫が大好きな30代の独身男性がいます。いつかは結婚しようと思うが今は予定はなし。でも、先日思い切ってマンションを購入しました。周囲の人には驚かれましたが、本人はよく考え抜いてのこと。将来結婚するかどうかは分からないが、猫との生活は続けたい。それはいくつになっても変わらないだろう。それならペット可でそのような設備の充実しているマンションがいい、かつ飼い猫が老齢期を迎えたので、近所に夜間救急対応をしている動物病院がほしい、といった希望をもとに選んだそうです。

もちろん、将来結婚したときに手放しても損はしないような物件です。本人はいたって満足して、激務の中、猫に癒される快適な生活を送っています。

このように、揺るぎない価値観を持っていて、そのうえで購入を決断することがベストです。これまでも繰り返し申し上げている、「自分軸の確立」がここでも大切になってきます。

予期せぬ出来事が起きるのも、また人生

一方、購入が凶と出た例もあります。何を隠そう、この私です（苦笑）。

約12年前、私は北海道で一戸建てを購入しました。長年、札幌を拠点に活動しているからですが、何より大きな理由は家族が多いからです。妻との間にすでに2人の娘がおり（現在は5人）、通常の賃貸物件ではなかなか希望に合った部屋が見つかりませんでした。

それなら、不便を我慢しながら賃貸を利用するより、賃貸より少々高いくらいの金額ですむなら購入に踏み切ろうと思ったのです。もちろん、いろいろなリスクや、起こりうる事象を考え抜いたつもりだったのですが……。

おかげさまで、仕事が順調で書籍もベストセラーとなった今、私はさらに大きな願いを持つようになりました。以前は北海道でお金に苦しむ皆さんのサポートをしたいという思いを持っていましたが、今ではさらに進んで、日本中のお金で苦しむ皆さんのサポートをしたいと願うようになったのです。

必然的に、東京の事務所での仕事が増えました（全国各地から相談者の皆さんが訪れるには北海道より便利な場所ですからね）。今では月の半分以上は東京に来ています。そうなると、つらいのは家族と離れること。超親バカを自負する私としては、離れて過ごす時間は耐えられません。いっそのこと、東京に居を移して、北海道に出張しようかと考える始末。

ところが、ネックになるのは北海道の家です。査定では、今手放すと赤字……悩むところです。いったいどうすればいいのでしょう？

まるで、紙上で読者の皆さんに悩み相談をしているかのようになってきましたが、まさに私がいい例です。どれほど考え抜いたところで、**人生には、予期せぬ出来事が起きるも**

の。柔軟に対応できる選択肢を持っておきたいですね。

中古と新築ならどっちがいい？

自分軸を確立したうえで、不動産購入に踏み切った方が次に悩むのが、中古物件か新築物件かです。皆さんはどのような印象をお持ちでしょうか？

キレイ好きな国民性もあるのでしょうが、まっさらな新築を選ばれる方が多いようです。住宅情報誌やネットでは、住宅の耐用年数は通常30年とうたわれています。それなら新築のほうが……と思われる方も多いのでしょう。ですが、耐用年数には諸説あって、手入れをしながら使用することにより、実際には100年ぐらいもつようです。

ファイナンシャルプランナーである私の視点からすると、中古がいいとハッキリいえます。それも中古マンションよりも、中古の戸建てのほうが土地が残り、資産になる分、損得でいえばコストパフォーマンスが高く、お得感が高いといえるでしょう。

また、声を大にしていいたいのは、ローン（借金）は少なければ少ないほどいいということ。今後の生活の負担になるものは、とにかく少なくおさえる。自分に無理のない金額の範囲内で買い物をするのは、住宅だろうと洋服だろうと同じです。

具体的にいえば、4000万円の新築を買うより、ほぼ同条件で3000万円の中古を買うと、差額の1000万円だけでなく、金利だけで600万円以上が浮くこともあります。ずいぶん差がありますね。

また、新築物件の場合、新築を起点に年を経ると当然、資産価値は目減りします。ですが、中古物件の場合、購入時にすでに中古なので目減り具合は新築の下落幅より少なくてすむこともあげられます。これも一種のリスクヘッジですね。

もちろん、新築物件のほうが最新鋭の設備がついているといった利点もあるでしょう。ディスポーザーや床暖房、おしゃれなデザインの天窓などに心ひかれるのも分かります。けれども、どうしてもほしければそれは中古物件に後付けだってできるのですから。

というのも、実は私自身、前にもふれたように購入した新築物件で、苦い経験があるのです。造りつけの食器洗浄器がついた物件でしたが、数年すると故障しました。ところがメンテナンスを頼むと、もう製造が終わっており、対応できないといわれてしまったのです。今でも悔やんでいます……。

それはさておき、新築だからよい、中古だから悪い、という先入観は必ずしも当たっているとは限りません。実際、私の相談者さんには建築関係者や大工さんが何人もいらっしゃいますが、いわく「横山さん、新築で買ったらダメさ！　もったいないよ」とのこと。プロがいうのですから、私自身、今後もし機会があったらしっかりと参考にしたいと思っています。

夢や願望が先走りすぎ？

繰り返しになりますが、くれぐれも価値観とライフプランを軸にした決断を下してください。最初に申し上げたように、正解はありません。逆にいえば、正解は人の数だけあるのです。

あこがれの物件の住宅ローン審査に思いがけず通ってしまったので、舞い上がって買ってしまった、とか、周りの友人たちがバタバタと購入を決めたのでなんとなく自分もほしくなって買った、とかいう軸のない動機による購入では、必ず大きなツケとなって返ってきます。

いざとなれば、売ればいい、貸せばいいという考えも甘すぎます。不動産会社は最初こそ美辞麗句を並べますが、実際に売りたい、貸したいといったときには頼りになりません。月々12万円のローンを払っているのに、月々9万円で他人に貸したら大損失です。おまけに固定資産税などの税金も考慮すると、非常に大きな損失です。でも、そのようなケースは山ほどあるのです。

マイホームは夢や幸せのシンボル、というような風潮も気になるところです。時代は変わってきて、そのような幻想は薄れてきているかもしれませんが、広いリビングにはピアノ、夕暮れどきはベランダから町並みを眺めてワインを飲む、なんてイメージ先行で住居を考えている方には、現実をしっかり見つめていただきたいと思います。

家やほしいものを買ったら幸せという思い込み自体、要注意です。**何かモノを手に入れ**

たら幸せで、モノがなければ不幸せなのでしょうか？

今と違う状況になるためにお金によって得られるものやことは、もしかしたら幻想のようなものかもしれません。

逆に、お金では買えないものやことをより強く意識して、生活の基本を確立してみてはいかがでしょうか。あえて、お金とは関係のないものに基づいた判断を優先させてみるのも、実は本質を見極めるためにはよいことなのです。

教育費、どうする？

家計は苦しいが、わが子を私立校へ

家計に占める教育費の割合は年々多くなる傾向にあります（ここでいう教育費とは、育てるための食費や医療費や被服費を意味する養育費とは別です。学校や塾にかかるお金のことです）。一方で収入は減っていくのが現実。そうした現状を踏まえて、民主党政権が子ども手当や高校の授業料の無償化という策を打つのでしょう。

ですが、実は２０１０年から15歳以下の子どもの扶養控除がなくなり、所得税、住民税に影響が出てくるので、本当に子育てのための良策を講じてくれているのかどうなのか、疑問を感じてしまいます。

「子どもはお金がかかる」

たしかにそうです。5人の娘を持つ父親として、それはよく分かります。ですが、子どもを思う親心の強さのあまり、親が必要以上にお金をかけている風潮を肌で感じています。私のところの相談者さんの中にも、収入の4分の1にもあたる金額を子ども一人の教育費に使っている方がいます。収入の4分の1というと、月収30万円の家庭で、一人の子どもに7万5000円の教育費をかけている計算になります。

一般的にかかるといわれている、子ども一人あたりの教育費

すべて国公立（幼稚園から大学まで）	794万円
大学（文系）から私立	928万円
大学（理系）から私立	1057万円
高校から私立	1195万円
中学から私立	1422万円
すべて私立（幼稚園から大学まで）	2169万円

（文部科学省平成20年度　子どもの学習費調査より。＊私立大学の費用は、文部科学省「平成19年度　私立大学入学者に係る初年度学生納付金平均額」の調査による）

年収400万円ぐらいの家庭でも、子ども二人を中学校から私立に通わせたいというご相談もよく受けます。しかし私立中学の学費は、初年度納付金でいえば高いところでは180万円、安いところでも60万～90万円くらいはかかるのです。

にもかかわらず、私立へ行かせようとする親御さんが多い傾向があるのです。

たとえば、こんな親御さんがよくいらっしゃいます。

「うちの子にも、よその子と同じだけの体験をさせてあげたいんです。お金は気にしません」

わが子を塾や習い事に通わせることが、親の心からの希望というわけです。もちろん、それ自体、否定すべきことではありません。ですが、この「親の希望」の根底（裏返し）には不安があることに、私は危惧を感じています。人と同じ経験をさせないと将来の進学や就職に不利なのではないか、有名私立に入れないと不幸になるのではないか、という不安が、塾や習い事に通わせるための強い動機となっているのです。要は、お金をかけることで、不安を解消しようとしているのです。

もちろん、親としてはわが子にできる限りのことをしてあげたい。それが親心というもの。でも、それならば塾や習い事を始めたり、有名私立に入れたりする前に、次のようなことを自問してほしいと思います。

1 それが本当に継続できるのか

不況が続くこの時代、現在の収入を未来永劫維持できるとは限りません。ですが、いったん始めた塾や習い事、有名私立校への通学を、親の金銭的な事情で途中でやめさせるのは酷ではないでしょうか。

特に昨今では不況の影響で、親の経済状況の悪化（会社の倒産・給料カットなど）で私立高を途中退学せざるをえないケースも増えています。親は安易に卒業までの通学を約束しがちですが、傷つくのは子どもです。スタートするときには、子どもがやめたいといわない限り、続けさせてあげる環境を準備する覚悟が必要です。

2　子どもの希望なのか

私はこれが、もっとも大切なことだと思います。親は「子どものため」と思っていますが、はたして子ども自身の気持ちはどうでしょうか？　英語塾に行かせたり、バイオリンを習わせたりしても、本人がやりたくないのならそれは親による押し付けにすぎません。子どもが望んでいないことに大金をつぎ込むこと自体、無駄遣いに思えます。

とはいえ、私にも私立校に通う長女がいます。娘に「英語をがんばりたいから、○○という私立に行きたい」と相談されたとき、正直なところ、私は「私立は高いからイヤだなあ」なんて思ってしまいました（笑）。私自身はどこの学校でもいいんじゃないの？　という、非教育パパなので……。ですが、娘の意思は意外と固く、自分でせっせと勉強して合格を勝ちとってきました。となると、娘の希望をかなえたい父親としては反対する理由はありません。

ですが、その後娘の同級生と話す機会があり、いろいろ聞いてみると、自分の意思というよりは熱心な親の希望に沿って入学している子たちが圧倒的に多いのです。

このように有名私立校に行かせたり、英語塾に通わせたりといったケースでは、子どもの希望よりも、親の希望が優先されているパターンが多く見受けられます。

そして残念なことに、それが不安からきているだけでなく、一種のブランド志向（親である自分をよく見せたい）や、単なるプライドや見栄からきていることもあるのです。

こんな相談者の方がいらっしゃいました。

年収は夫婦合わせておよそ400万円。ですが、息子を小学校からインターナショナルスクールに入れたいといいます。芸能人がこぞって入れたがることでも話題の、インターナショナルスクールは学費が高いことでも有名です。率直に、その年収では無理があることを伝え、どのような理由でインターナショナルスクールに入れたいのかをいろいろヒアリングしたところ、どうやらご近所さんにいい顔をしたいからだと分かりました。

私としてもこんな単純な理由で、収入に見合わない高額のスクールに、しかもまだ自分の希望もはっきりしない幼子を通わせる決断を応援するわけにはいかず、厳しい言葉でアドバイスをしてしまいました……。

私は教育の専門家ではありませんが、**FPとしての立場からいいたいのは、子どもにも、「自分軸」を作っていけるような教育が大切だということです。**

親が、塾や習い事や私立といった選択をどんどんしてしまうのではなく、あくまで子どもが、自分はどういう生き方をしたいのかをはっきり決められるよう方向性を指し示し、自主性を促すことが一番大切なのではないでしょうか。

●――いじめや学級崩壊による、公立校への不安

不安から教育費の負担が年々増えている状況についてお話ししましたが、中でも盲目的なほどの「私立信仰」を感じることが多々あります。

おそらく背景には、公立校でよく話題となる悪質ないじめや学級崩壊についての不安があるのでしょう。ニュースでしばしばセンセーショナルに報道されるので、つい過剰反応してしまう親御さんが多いのもうなずけます。ですが、地元の公立校で本当に問題があるのか、対応策がないのかを考慮せずに、家計の大きな負担を増やすことを、私は残念に思

っています。

公立校に対する不安は、意外にもちょっとしたところで形成されていきます。たとえば、ご近所さんとの立ち話であったり、子どもからの噂話であったりするのです。知らず知らずのうちに先入観が作られてしまい、その学校へと通わせることをよくないことであるかのようにとらえてしまうのです。そして私立校であれば、そうなることはないと都合よく解釈してしまうのです。

そもそも、いじめや問題があるかもしれないといって、その環境を最初から避けることが真の防衛策なのでしょうか。社会に出たら、イヤな思いもするでしょうし、合わない上司もいるかもしれませんし、ある日突然会社が倒産するかもしれません。社会のほうがいわばずっと厳しい環境です。でもずっと逃げているわけにはいかないですし、それらをはね飛ばすたくましさも必要になってきます。

そういった試練に直面したとき、まったくの無菌状態で育ったせいで免疫がないほうが、私はむしろ心配です。

日常生活のさまざまなこと、たとえば生活すること、人とかかわること、危険を察知して対処することなどを体験し、自分自身の力でさまざまなことを乗り越えられるようになることが、子どもには大切なことではないかと思うのです。

教育は過保護にしすぎないほうがいいように思います。

「私立幻想」に振り回されないで

公立校への不安が、私立信仰を加速させている現状ですが、もちろん公立校の不信だけではありません。少子化にともない、私立校はどこも生徒獲得に躍起になっています。有名私大が早い段階から優秀な生徒を確保するために小学校や中学校を新設し、生徒を募集するケースも増えてきました。

この「教育」についても、忘れてはならないのが「情報に振り回されない」こと。私立校もビジネスの側面を持っています。もちろん教育理念や環境に自信を持っているでしょうが、お客さん（生徒の親御さん）がいなければ、やっていけないビジネスなのです。ですから、あの手この手で、私立校の優位性を説く宣伝をしています。有名大学への進学率をアピールするのは当然でしょうが、かわいらしい制服で女子生徒や母親を取り込もうとするなど首をかしげるような作戦（？）も多いのです。一時の感情で振り回されないことの必要性は「住宅」購入の場合と同じです。

子どもをお金ではからない

前にもふれましたが、たしかに子どもにはお金がかかります。そして、必要以上にお金をかけることは家計破たんの一因となります。けれども、**ここではっきりお伝えしておきたいのは「子どもは負債ではない」ということです。**

教育費の高騰のニュースなどを見た、若い世代の方々の反応で多いのは、「子どもってお金がかかるんですよね。経済的に無理だから子どもは要らない（一人でいいかもしれない）」という意見です。

こういった人が増える現状を、子煩悩な私は非常に残念に感じています。まだ産んでもいないうちに、子どもは要らない、なんて……。子だくさんの父親として、断言します。

子どもはすばらしい存在です。子育てにはお金も労力もかかりますが、それを補ってあまりあるすばらしい体験ができます。私自身、子育ての過程で、逆に子どもにたくさんのことを学ばせてもらい、成長してきました。それがあって、今の自分があると思っています。子育てはお金では買えない貴重な体験なのです。前の項目でもふれたように、**「お金がないからよい教育ができない」**なんて幻想にすぎないのです。

どんな収入であっても、教育費は捻出できるのです。経済的な事情から、あきらめてしまうのだけはもったいない。私は声を大にして、そう訴えたいと思います。

●「経済的甘ったれ」にならない、育てない

時代を生き抜く「自分軸」を持った子どもに育てること、それがやみくもにお金をかけるよりずっと大事な教育だと、私は信じています。

というのも、「甘ったれたオトナ」も多いからです。

中学生のお子さんが二人いるC子さんは専業主婦。不況で夫の収入が下がり、年金保険

料の支払いにも困るような経済状況で私のところにやってきました。いろいろ話を聞くと、なんと年金保険料を実家の両親に払ってもらっているというではありませんか？　しかも、以前夫が作った借金も親が肩代わりしてくれたとのこと。年老いた両親だって、ラクではないはず。びっくりした私が「あなたが働くわけにはいかないんですか？」と聞くと、「私は学校のPTA活動が忙しくて、とても無理です」との返答。もちろん、PTA活動は大事ですが、親に借金を重ねている状態では、妻も働くことが最優先です。

親がいつまでも経済的に祖父母に援助してもらっている状況を続けていては、子どもの自主性など、当然育つはずもありません。

かけがえのないわが子の教育は、自分のお金と相談してライフプランを確立する、よいきっかけです。自立したオトナとしての自覚を持ちましょう。

35歳からのライフプラン&マネープラン

お金があっても健康でなければ意味がない

これからの時代を生き抜くには、確固たる自分軸（自分なりの価値観）とライフプランが必要と、何度もお伝えしていますが、ライフプラン&マネープランはどうやって作ればいいか分からないという方も多いと思います。

まずは左の表をご覧ください。このように、生きがい、健康、経済（家計）をもとにプランを立てていきます。これはファイナンシャルプランナーの教科書に必ず載っている鉄則です。

本書を読んでいる皆さんは、もちろん経済（家計）に興味を持っておられると思いますが、今後10年を考えるうえで、絶対に見過ごしてはいけないのが「健康」です。もちろん

横山式「生きがい・健康・経済（家計）」ポートフォリオ

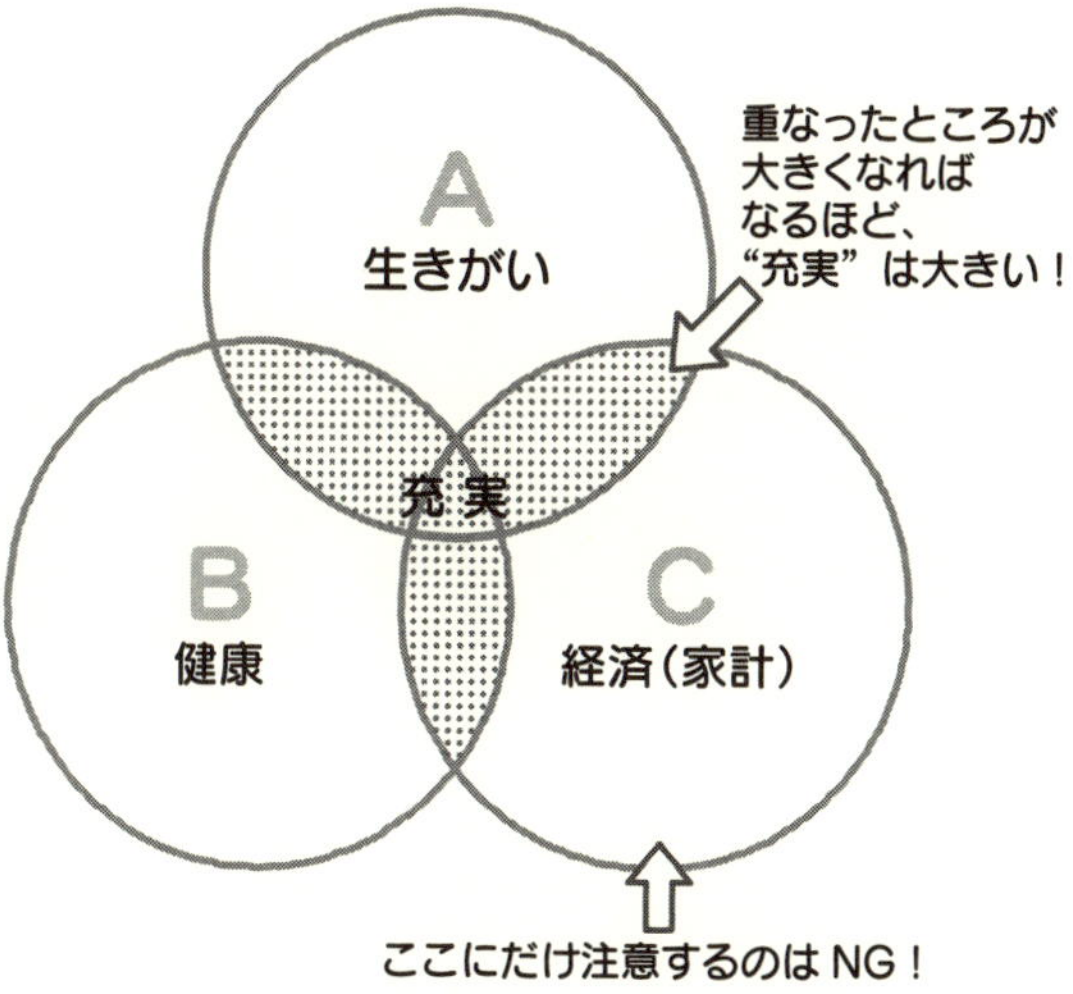
重なったところが
大きくなれば
なるほど、
“充実” は大きい！
A
生きがい
充実
B
健康
C
経済（家計）
ここにだけ注意するのはNG！

※ 生きがいは、「目的」ととらえ、健康と経済（家計）はそれを達成するための「手段」となることを意識しましょう。

A 生きがい

家族や仕事、趣味（スポーツなど）。それから夢や目標など。自分自身で考えるもの。人によって、異なります。

B 健康

日々の健康管理となる、食生活や休養、運動、ストレスなどを意識し、コントロールしなければいけません。

C 経済（家計）

収入額に影響されることなく、“自分軸”をしっかり作り、お金をツールとして十分に有効活用するようにしましょう。

お金は大事ですが、健康を損なうと、医療費で出費が増えたり、そもそも働くことができなくなって収入が途絶えたりと、ライフプラン、マネープランともに大前提が崩れてしまいます。

30代で働き盛りの皆さんですと、がんや高血圧、糖尿病といった生活習慣病はまだまだ現実的なものではないかもしれません。**ですが、だからこそ注意していただきたいのが、ストレスによる「心の健康」です。**

私のところに相談にいらっしゃる方々にも、次のような心の病気に悩まされている方は大勢います。

・うつ病
・ギャンブル依存症
・アルコール依存症
・ショッピング依存症

世知辛いご時世のせいか、お金の問題に加え、メンタルの病気を抱えている方は決して少なくありませんし、今問題のない皆さんにとっても人ごとではありません。

病気や大けがですと「保険」(第5章で説明)である程度カバーできますが、今あげたような、入院が伴わない病気、つまりストレスが原因の精神的な病気は、カバーされません。となると、自分なりのストレス発散方法や防衛策を考えておく必要があると思います。

特に30代の皆さんは、仕事でも家庭でもある程度の責任が発生してくるため、そのプレッシャーたるやかなりのものと想定できます。

ライフプラン、マネープランを下支えする「健康」を維持する力を身につけていきましょう。

誰も助けてくれない！　防衛策は自分で考えよう

私は精神科医ではないので、専門的なことはいえません。ですが、お金の相談に来る皆さんの悩みに接しているので、心の病気と無関係ではいられないのです。家計を再生させるためにも、たとえばギャンブル依存症やショッピング依存症を治していかなくてはなりません。

重症の方は素人治療では完治は難しいので、まず病院に行っていただいています。もちろん、それほど重症でない方もいます。たとえば、パチンコがどうしてもやめられず、毎週末通ってしまうという、完全なギャンブル依存症とまでは断定できないようなケースです。この場合、単純にパチンコに行かない、という制限をするのではすぐに再開してしまうので、行かせない仕組みを作ります。これまでの週末のパチンコタイムに何か別の約束を入れてしまうのです。しかも、ご本人にとって何か楽しいことを。ある相談者さんのケースでは、昔していた草野球を再開しました。パチンコよりずっと健康的ですし、仲間がいるのでサボれません。いつしかパチンコに行く機会はなくなり、自然な形でやめることができました。

単純に「おやめなさい」というのは簡単ですが、それができないから困っているわけで、私はできる限り一緒に、代替策やストレス解消法を考えるようにしています。今、皆さんが何かやめられないことがあるとしたら、客観的な第三者に相談してみるといいかもしれません。

嫌いなのにやめられない矛盾

依存症の方にいろいろお話を聞くと、決して好きではまっているわけではないことに驚きます。お酒が好きだからアルコール依存症に、買い物が大好きだからショッピング依存症に、というわけではないのです。

ためしに、「依存症が始まる前に戻れるとしたら?」という質問をしてみると、お酒(買い物)は特に好きじゃなかった、むしろ飲んだ(買った)あとの罪悪感がイヤでイヤで……という意見が大多数です。大きな矛盾ですよね。

体の病気も要注意

心の病気だけでなく、もちろん体の病気もライフプラン&マネープランの大敵です。私は不摂生がたたって、32歳で糖尿病を発症してしまいました。保険も高いプランにしか入れないし、なかなか制約の多い生活です。ですが、糖尿病になったことで、かえって健康の大切さに目覚めました。以前ほど深酒はしませんし、最近では運動不足解消に自転車通勤を始めました。できることからコツコツ始めるだけで、10年後に大きな違いを生みます。

最初に述べたように、生きがいと健康と経済（家計）は、一体化したものです。どれかのバランスが崩れると、すべて崩れてしまいます。生きがいだけ、健康だけ、お金だけ、のそれぞれに特化した書籍は多いですが、３つをバラバラでとらえるのではなく、セットで考えるようにすることが、今後10年を生き延びる力につながるのです。

今後10年間のライフプラン&マネープラン

前の項目では、今後10年を生き抜くうえで大切な「健康」についてお話ししました。ここでは、自分軸の確立のためにも、自分の望みを客観的に掘り起こしていきましょう。漠然と「○○がほしいなあ」「いつか△△したいなあ」と思っていても、具体的に口に出したことや、書き出したことは、あまりないのではありませんか?

次ページの書き込みシートに、今後10年間で「大切なもの」を書き出し、そのための「金額」「実現させるための期間」「そのために必要な行動」も書いていきましょう。これを実践することで、自分の中の優先順位が明確になり、自分軸の確立の実現がいっそう強まります。

	実現させるための期間	そのために必要な行動

	大切なもの	金額
1		
2		
3		
4		
5		
6		
7		
8		
9		
10		

※大切なものというのは、単純に欲しい物や、実現したい行動（たとえば、旅行へ行きたいなど）といったようなことを書いてみてください。また、物や行動ではなく、家族や信頼といったことでも構いません。その場合、期間や金額は記載しなくてもＯＫです。

結婚の費用、いくらかかる？

本書の読者の皆さんには独身の方も多いと思います。もちろん一生独身主義の方もいらっしゃるでしょうが、今後の10年間で結婚する可能性が高い方も大勢いることでしょう。

テレビのニュースや新聞でも話題となっていますが、世代別未婚率は年々高くなる一方です。つい30年前までは、男女ともに20代で結婚するカップルが圧倒的だったのです。時代は流れ、２００８年の人口統計資料（国立社会保障・人口問題研究所）によると、２００６年の初婚年齢は男性約30歳・女性約28歳です。

その原因は、女性の職業意識が高く、就業率が上がっていること、年収が低く、結婚後の家計のやりくりに不安を抱えていることなど、実にさまざまな理由があるようです。

結婚までに貯金をする!

私のところに、結婚を機にこれまでの金銭感覚を変えたいとか、もっと貯金体質になりたいという要望で訪れる人は多くいらっしゃいます。すばらしいことだと思います。でも、さらに楽しく、有意義に過ごすためにちょっとしたゲーム感覚で、結婚式までの準備期間を「横山式90日貯金プログラム」に従って過ごすカップルも多くいます。自分でいうのもなんですが、よい結婚式になること間違いなしです。

土台として、90日プログラム（プログラムについての詳細は、拙著『年収200万円からの貯金生活宣言』参照）を1年間通して、おこなってもらいます。90日を1クールとして、計4クールです。

●1年～半年前（90日間2クール）

・両親の顔合わせ、会場・プランの情報収集、ブライダルフェアに参加など。

・最初が肝心!?　二人でどんな式にしたいか。
・現在の蓄えは？　情報を収集して希望や金額の目標などを書き出してみる。1冊のファイルやノートにまとめて「やることリスト」を作るのも◎。
・二人で一緒に貯金口座を管理するのも実際に貯まっていく過程が明確になってよい。
・お互いの目があるので、貯金もサボっていられないかも？
・お金を使うときも、他と比較して使うクセをつける。
・ほしいものがあっても、まずは我慢をしてみる。

●半年前～3カ月前（1クール）
・会場・プランなどを決める、新居の準備・引っ越し、招待客のリストアップなど。
・少し目も養われ始めたころ。大きな「買い物」である住居選びは慎重に。
・どの程度なら払っていけるか、今の生活から支出の無駄や浪費傾向にあるものを洗い出す。
・引っ越しをするならば家の大掃除をして、不要なものを整理する。
・目標ごとの口座を作ってみる。

・1年を通しての最終目標が達成できるかどうか、現実にあてはめて調整をしてみる（必要であれば軌道修正を。最後に慌てないように）。
・新しい生活の買い物などで、お互いのお金の使い方・価値観もチェックしてみる。
・保険の見直し、加入を検討してもよい。

●3カ月前～式本番（1クール）
・衣装・指輪などを決める、進行の最終確認・打ち合わせ、費用の支払いをすませるなど。
・決断の多いとき。忙しくても無駄な出費をしさないよう「やることリスト」を再確認。
・自分の身の回りを整理、お世話になった人へのお礼をする。
・今後のお金の使い方を二人で振り返りをしながらしっかり話し合う。
・今までの傾向を見てルールを決める。
・ほしかったものを買う決断をする。

このような流れで、例によって、お金のことだけではなく、価値観を合わせることも大切にして取り組んでいくのです。

結婚は、「愛7：お金3」

ここに、ちょっと驚くような統計があります。

女性が結婚相手の男性に望む理想の年収は、なんと550万円。うーん、このご時世ではけっこうハードルが高いですね。ですが、男性の皆さん、あきらめるのはまだ早いのです。女性は本当に愛する男性のためなら、そのほぼ半額の年収270万円であっても、許容できるというのです。もちろん、今は女性が働くのが当たり前の時代ですから、共働きで収入を合わせれば、問題ありません。

私自身、妻の支えで苦境を乗り切ったことが何度もあるので、こういった愛情深さ、許容力、受容性は、女性のすばらしい面だと思います。

その一方で、そこが心配な面でもあります。女性の愛情深さ、受容性、辛抱強さが、逆に落とし穴になってしまうパターンです。いい方は悪いのですが、情にほだされて結婚してはいけない男性と結婚してしまい、金銭的・精神的につらい人生を送る女性は非常に多いのです。

そうはいっても、女性には愛情深さや受容性とともに、ドライな面、割り切る力もあります。一途な愛情で必死に支えてきたがいつまでもお金にだらしない夫を、ある日突然見限り、離婚届を突き出すのも女性に多いので、男性陣は要注意です。

FPとしての私が結婚を考える皆さんにアドバイスとしてよくお伝えするのが、「愛7：お金3」という比率。ロマンチックでなくてすみません。でも、これは決して譲れない基準だと思います。**愛だけでもお金だけでも、幸せな結婚生活は続きません。**愛とお金のバランスがとれ、価値観の一致する相手をお互いに選ぶことさえできれば、大丈夫です。前の章でお伝えしたように、結婚はお金力や人生サバイバル力が2倍、3倍にパワーアップする機会でもあります。二人で力を合わせて、厳しい時代を乗り切っていきましょう。

第5章

今から30年
生き抜くマネープラン

老後の家計プラン

老後は大丈夫?

これから30年を生き抜くにあたって、読者の皆さんがもっとも気になるのは、「老後の資金」ではないでしょうか? 国の財政の急激な悪化、年金破たんなどという話を聞くと、ますます不安になりますよね。年金が無事に出たとしてもそれだけでは暮らしていけないのが現実です。ならば、自分なりに老後資金を作っていきましょう。この章ではその方法をご紹介します。

まずは、老後はどれぐらいお金がかかるのかをざっくりとつかんでおきましょう。次ページ以降に、代表的な老後家計のモデルをのせました。この中で、ご自分がなりえそうなパターンを参考にしてください。

【1】会社員夫&専業主婦妻（賃貸住宅）
住居費…7万2000円　食費…4万9000円　水道・光熱費…1万6000円　通信・交通費…1万3000円　教養・娯楽費…2万5000円　交際費…2万9000円　日用品代…8000円　保険代…1万2000円　小遣い…2万1000円　その他（税金など）…2万5000円
支出計…27万円

【2】夫婦とも会社員の共働き（住宅ローンなし、車両保持）
住居費…2万7000円（※住宅ローンの返済が老後を迎えるまでに終了するのであれば、老後における住居費は、固定資産税や管理費・修繕積立金などの維持費の負担のみに。一戸建ての場合で年間10万～20万円、マンションの場合で年間30万～60万円程度が予想される）　食費…5万1000円　水道・光熱費…1万5000円　通信・交通費…5万2000円　教養・娯楽費…2万4000円　交際費…2万円　日用品代…80

00円　保険代…1万8000円　小遣い…2万5000円　その他（税金など）…1万5000円
支出計…25万5000円

【3】自営業夫婦（住宅ローンあり）
住居費…6万8000円　食費……5万1000円　水道・光熱費…1万7000円
通信・交通費…1万9000円　教養・娯楽費…2万4000円　交際費…2万6000円　日用品代…1万4000円　保険代……1万2000円　小遣い2万5000円
その他（税金など）2万4000円
支出計…28万円

老後生活にかかるお金は住宅ローンの返済状況や住んでいる地域によって異なりますが、右のような支出が一般的だと思います。そのため、年金だけでは足りない生活費の不足分には、当然ながら蓄えを使います。まずは年金がどれぐらい出るのかを知り、そこから足りない分を逆算して老後資金を貯めていきましょう。

右のページでの3つの家計モデルをもとにして、その解説をしていきます。前提条件として、65歳から年金を受給し、90歳までの25年間の不足額とします。また、金額は2010年時点での受給額をベースに計算しています。

【1】夫：会社員、妻：専業主婦　40年間国民年金と厚生年金に加入していたケース。

このようなケースは一般的で、厚生労働省が出している年金モデルの試算としての月額はこうなります。

夫会社員（40年間）・妻専業主婦（40年間）世帯
夫：基礎年金…6万6000円＋厚生年金10万1000円＝16万7000円
妻：基礎年金…6万6000円
合計　23万3000円
※男性の平均的賃金（税込み年収約570万円と想定）で40年働いた人の場合、厚生年金の現行は月約10万1000円。

これは年収が高いケースで想定されており、どうもやや現実的ではないと感じます。そのため、あくまで実際にもらっている人のケースをもとに解説していきたいと思います。

実際は、夫婦で月額21万1000円ほどの年金収入が標準値に近いというデータがあります。

となると、毎月27万円必要な老後資金に足りないのは、ひと月あたり5万9000円ほどとなります。

仮に老後生活を25年と考えて計算してみると、

不足分5万9000円×12カ月×25年＝1770万円

65歳までに、この金額を作っていけばいいわけです。

【2】夫婦共働きで、40年間国民年金と厚生年金に加入していたケース。

■年金収入（月額）…25万7000円

年金収入の内訳

夫：右記会社員と同様　年191万4000円　※加給年金を除く
妻：30年間フルタイム正社員勤務　平均月給15万円　10年間育児期間（無職）　年117万円

すると、共働きのこのご夫婦の場合はさしあたって、年金により最低限の生活費（25万5000円）はまかなえることになります。もう少し余裕のある生活をしたいのであれば、生活資金を、仮にあと3万円余分に確保することを念頭において、現役時代にその分を貯めていくこともお勧めです。

余裕資金3万円×12カ月×25年＝900万円

【3】自営業の夫婦…40年間国民年金に加入していたケース。
会社員と違い、自営業の方は厚生年金に加入することができないため、国民年金にしか加入していない方も多数います（その代わり、国民年金基金に加入し、受給額を厚くするようにしている方もいます）。国民年金だけの場合、受給額は非常に少なく、夫婦二人の

国民年金を合わせても、毎月約13万2０００円です。自営業の方はこの点、特に注意していただきたいところです。毎月の最低生活資金28万円にはまったく足りないので、現役のうちに、サラリーマン以上にしっかりと老後資金を作っていく覚悟が必要です。

■年金収入（月額）…13万2０００円

年金収入の内訳

　夫婦：国民年金　年79万2０００円×２人（40年加入として）

　不足分14万8０００円×12カ月×25年＝４４４０万円

3パターンの例をあげてみました。ご自分に近いと思われるケースを参考にされてください。臨機応変にご自分の状況を試算してみましょう。

よく分からない場合は、毎月27万〜30万円の生活費が必要だと考えてください。そこまでかからないのであれば、マイナスして試算してください。

もっと経済的余裕がほしいのであれば、その分の金額を足して老後の生活費を見据えてください。その金額に、どこまでが年金でカバーされ、足りない部分をどう用意すべきなのかを考えておきましょう。

はたして年金はちゃんと出る?

年金が出ることを前提にお話ししましたが、「そもそも年金って出るのでしょうか? もし出ないのなら損だから払いたくない」という意見もよく聞きます。

私見ですが、年金制度が破たんしてまったく出なくなることはありえないと思っています。現代の社会において、高齢者世帯の消費活動は日本経済の大きなカギとなってきます。つまり老人夫婦の生活費が少なすぎて日常の出費を切り詰めると、日本の市場そのものに大きな影響を及ぼしかねません。安易に年金支給額を減らすことは、日本の内需事態を冷え込ませることに直結するので、国としては避けたい事態なのです。

また、高齢者の増加、若年層の減少に伴い、政府は高齢者を重要な労働力としてとらえ始めています。定年後の再雇用を促す制度や、定年を65歳まで引き延ばす制度などが整いつつあります。その意味でも、年金が出なくなる、無収入状態になるなどの可能性は非常に低いと私は考えています。

ですから、不安でしょうが、このまま日本の年金制度を信じて払い続けることで、老後資金を確保しましょう。もちろんそれとは別に、自衛策としての貯金も必要ですが……。

貯金のために借金をするな!

老後を軽視することは問題です。けれども矛盾するようですが、私は「あまり早いうちから深刻に考えすぎないように」をモットーとしています。特に本書の読者さんぐらいの年代ですと、老後のことも大切ですが、30代をいかに充実させて生きるか、つまり「消費・浪費・投資」でいうところの「投資（自分への投資）」に、お金と時間を割いてほしいのです。

老後資金に意識を奪われてしまい、今の生活が守りに入っている人が多いのが実情です。せっかく健康な働き盛りの世代なのに、小さくまとまってしまっている家計を見ると、とても残念な気持ちになります。何も浪費ざんまいを推奨しているわけではありません。ですが、30代の今しかできないことにどんどんチャレンジしてほしいのです。

老後への不安のあまり、個人年金や養老保険などに手を出しすぎる人も心配です。極端な話、あまりに多く老後に備えているせいで、毎月の掛け金や保険料を捻出できず、クレジットカードで買い物をしたり、キャッシングで借金をして充当したりしているというケースも多々見受けられます。

貯金のために借金をするなんて、ウソのようですが本当の話です。しかも、本人は貯金をするために現在の家計が成り立っていないという矛盾に気づいていないので、いつまでもそんな状態が続いてしまいます。これこそ、不安のもたらす最大の弊害です。

このように不安にとらわれてしまうあまり、本末転倒となることを私はもっとも危惧しています。くれぐれもバランスを大切に考えてください。

30代の充実こそが明るい老後生活のカギ

老後に備えすぎて30代のうちから守りの生活に入り、自分への投資やチャレンジがおろそかになってしまう、いわゆる味気ない家計の話をしましたが、実はこの時期の充実が明るい老後につながっていくのです。

ライフプラン&マネープランのところで説明したように、自分なりの豊かな人生を送るには、「生きがい、健康、経済（家計）」がポイントです。老後においては、健康はいうまでもありませんが、ここで注目したいのは「生きがい」です。特に男性は、定年退職後、急激に生きがいをなくして、生活全体のハリを失ってしまうことが多いです。老後に備えて、仕事の他に夢中になれる何かに出会っておくことも30代のうちにやっておきたいことの一つです。

また、会社というコミュニティを失って、よりどころがなくなってしまうことも心配です。町内会やPTAなどの地域コミュニティは、現役世代にとって時に面倒なものかもしれませんが、なんらかの形でかかわっておけば、退職後の居場所となる可能性もあります。

私自身はアイスホッケーが趣味で（最近忙しくてあまりしていませんが）、そのチームで得られた仲間はかけがえのない宝物です。老後に激しいホッケーは難しいかもしれませんが、そこで培った人間関係が簡単に消え失せるとは思えません。快適な老後生活のためには貯金だけでなく、生きがいと健康作りも忘れないでください。

保険ってどれくらい必要？

保険は損？　得？

皆さんは生命保険について、どんな印象をお持ちでしょうか？

保険はその複雑な料金体系と支払いの仕組みゆえ、敬遠される傾向があります。

「毎月払っている保険料は払いすぎなのではないか？」とか「保険会社のボロもうけなのではないか？」「病気やけがさえしなければいいのだから、保険は払い損では？」といった疑問が生じるのも無理はありません。


しかし、正しい判断を下すには、正しい理解が必要です。まずは、保険が何のために存在するのか、存在意義を理解しておきましょう。

私の考えでは、保険とは、「実際に起きる確率は低いけれども、備えておくともしものときに助けとなるもの」です。

漠然としているでしょうか？　でもこの理解があって初めて、掛け金と給付金のバランスを「自分なり」に判断できるのです。

そして、その判断はあくまで「自分なり」です。個々人によって、価値観によって異なります。Aさんが有益だと考えた保険が、Bさんにとって必ずしも有益だとは限りません。

たとえば、月8000円の掛け金の医療保険に入っていたとしましょう。1年間（12カ月間）払い続けると、9万6000円ですね。さらにそれを10年間払い続けたとすると、96万円です。

一方、保障（給付）内容を確認してみましょう。1日1万円出るという保証内容だと、1週間入院しても7万円ですね。10年間に1回入院したとしても、うーん、掛け金に比べて返ってくる金額がちょっと少ないでしょうか。それぐらいなら、保険に入らずに貯金でまかなったほうがお得です。さらにいえば、その10年の間に幸運にも病気やけがにかからなければ、たしかに払い損といえるかもしれません。
こう考えると、保険は損といえなくもないかもしれません。

ですが、10年たったあと、結局病気入院は一度しかしなかったとか、ずっと健康で保険のお世話にならなかった、とかいうことはあくまで結果論でしかないのです。

逆に、不幸なことに何度も大病をして支払った保険料96万円ではすまない医療費がかかるかもしれません。これも、そのときになってみないと分からないことです。

つまり、保険はリスク回避の商品なのです。起きるかもしれないし、起きないかもしれないけれども、起きたら困ることのためのサポートにすぎません。

そのリスク回避の商品のために、自分だったらいくら払えるかを自分なりに線引きしないと、保険会社にいわれるがままに高額な保険に加入してしまったり、逆に一切入らず病気になってからあわてるはめになったりしてしまうのです。

加入するなら必要最低限の保障がお勧め

保険はリスク回避のための商品であるところが、貯金や資産運用の商品とは大きく異なるところです。つまり、必ず戻ってくる金銭的なリターンがない代わりに、もしものときの安心が手に入るわけです。

ですから、入るべきは必要最低限の保障だと、私は考えています。今の時代、必要最低限の保障内容なら月2000円ぐらいから入れる掛け捨ての医療保険がいくつもあります。これぐらいなら、10年間続けても24万円ですみますよね。24万円で、10年間の安心を買う。この価値観をよしとする人は保険に入り、貯金でなんとかできると考える人は入る必要はないでしょう。

いずれにしても、保険の効果は現在では分かりません。将来になって初めて分かるものなのです。

最低限の保障でけっこうですし、実際に手術や入院をしたところで、50万円以下ならなんとか貯金でやりくりできるので保険に入る意味を見いだせない方もいることでしょう。ですが、医療保険の説明書きにしばしば「先端医療特約」というオプションがあるのはご存じでしょうか？

◉先端医療の医療費はケタ違い！

先端医療とは、まさに文字通り最先端の医療です。であるがため、日本国内では保険がきかない治療です。効果が高いなら、病人にとってはぜひとも受けたいところ。しかし、保険がきかないために、高額となり、1回の手術につき200万〜400万円といった金額もざらです。健康保険はきかないのですが、特定療養費制度という公的な制度を利用できる場合は、治療費や治療の技術費以外の多くは補助されます。しかし、それでも自己負担額は高額です。医療保険でこの「先端医療特約」をつけると、月に100〜200円といった少額にもかかわらず、先端医療の治療費が保障されます。

また、女性は特に要注意です。女性には乳がんや子宮がんといった女性特有の病気があるため、男性よりもがんになる時期が10年早いといわれており、収入の少ない若いうちに発症するリスクが高いのです。それを踏まえたうえで、「女性特約」などをつけておくといいでしょう。

いかがですか？　これなら保険に入る意味を感じられるのではないでしょうか？　200万、300万といった金額はそう繰り返し捻出できる金額ではないですよね。このとき、保険はまさに「もしものとき」の助けとなるわけです。

保険の種類、選び方、分かっていますか？

ところで、生命保険にはどんな種類があるかご存じでしょうか？　大きく分けて次の3つです。

・医療保険…入院・治療にかかる費用による家計負担増、減少した収入などの補填を目的とします。

・老後保険…公的年金、退職金、企業年金などではまかないきれない、老後の生活費不足を補うことを目的とします。

・死亡保険…「定期保険」「終身保険」「養老保険」の3つに分かれ、万が一のときに家族が生活費などの資金面で困らないための保険です。

この3つが基本的な分け方ですが、もう一つ、違う視点での分け方もあります。非常にシンプルです。

「生きている間に使うもの」と「亡くなったときのためのもの」の二つです。

・生きている間に使うもの…【医療】【老後】

【医療】では、まさしく「医療保険（入院保険）」が代表的です。誰にでも必要な保障だといえます。入院したときに、日数に応じて給付がされます。

他に、「がん保険」はがんになったときに保障をしっかりさせたい場合に使います。

「特定疾病（三大疾病）保険」は、がんや心筋梗塞、脳卒中と診断されたときに一時金として支払われます。

【老後】では、「年金保険」は、60歳もしくは65歳まで保険料を払い、それ以降は年金として受け取るものです。

・亡くなったときのためのもの…【死亡】

「定期保険」は、亡くなったとき遺族などの受取人へ死亡保険金が給付されます。ただし、その期間は制限されています。

「終身保険」は右の定期保険の期間の制限がないものです。

「収入保障保険」は定期保険の一種で、終身はなく、一定の期間の給付となります。遺族などが一括でももらえますが、毎月支払われるようにもできます。

入りっぱなしはダメ！　節目には見直そう

人生の節目節目によって、必要な保障内容は変わってきますので、一度入ったら入りっぱなしではなく5年を目安に保険を見直し続けることは大切です。よりよい保障内容の保険が登場したり、保障内容はほぼ同じなのに掛け金が安くなる新プランが発表されたりしますからね。

見直しのタイミングは、収入、子どもの数、ご夫婦の働き方により異なります。次のタイミングを意識して見直してみてください。

・結婚した↓共働きの場合はどちらか一方の収入がなくなっても生活できる保障を考えます。医療保障をつけ、入院しても対応できる家計にします。場合によっては、死亡保障を少しつけましょう。

・子どもができた（増えた）↓学資保険も考えましょう。共働きならどちらか一方が病気になったとき、夫だけが働いているのなら夫が病気になったときを考えての医療・死亡保障を見直しましょう。死亡保障を強化しましょう。

・妻が仕事をやめ、専業主婦に↓収入の源は夫になります。夫の医療保障・死亡保障を強化しましょう。

・マイホームを買った→団信（団体信用生命保険）とあわせて住宅ローンの返済が可能な額を検討し、死亡保障を考えましょう。死亡保障を見直して減らしましょう。

・子どもが独立→子どもの生活費の保障の必要がなくなるので、家庭で必要な補償額を見直しましょう。死亡保障を見直して減らしましょう。

保険はセットではなく、バラで入れ！

第4章の住宅の項でも、教育の項でも何度も申し上げていますが、ビジネスのカモにならないでください。それは、保険でも同じです。

保険会社もビジネスですから、少しでも多くもうけたいのが本音です。ですから、多少盛りだくさんなプランを提案してきます。たとえば、医療保険と収入保障保険がセットになっていたりするのです。面倒な保険の加入の手続きが一度ですみ、かつ保障内容はダブルなのですから、一般加入者にとってもなかなかいい話に思えますよね？

ですが、ここが落とし穴なのです。先ほど、5年おきに保険の保障内容を見直すことをお勧めしました。より値段が安く、よりよいものがあればどんどん乗り換えていけばいいのです。けれども、セット保険の場合、この細かな見直しが困難なのです。たとえば、医療保険はもっといいものを見つけたので乗り換えたい、でも収入保障保険はこのまま継続したい、といった場合です。この場合、医療保険だけ解約ということはできません。結局このまま継続する、あるいは全部解約するということになってしまうのです。

ですから、保険はセットではなく、バラで入るのが鉄則です。

安くても簡単に入れる保険は疑え！

テレビのCMでもよく見かけますが、ネットで入れる安価な保険が増えてきました。安さは最大の魅力ですが、加入の際にはくれぐれも注意が必要です。

本来、保険は加入条件が厳しいものです。原則として、健康状態が悪ければ加入できません。**そのため、電話1本やネットで簡単に加入できるものの中には、大きな落とし穴が隠されていることがあるのです。**

本来は正直に自分の健康状態を申告して、加入条件を満たして初めて入れますが、加入者を増やすために健康状態の詳細なチェックをせずに希望者をどんどん加入させてしまう保険会社もあると聞きます。

安易に入った保険の結末はどうなるでしょう？

いざ病気になったときに、審査を受けることになりますが、申告時の健康状態にウソがあったとして、結局保険の加入自体が無効となってしまうのです。となると、払い込んでいた掛け金は水の泡となり、1円も返ってこないうえ、何の保障もつきません（つまり、不払いです）。

これでは保険に入った意味がありません。いたずらに保険会社をもうけさせるだけです。

●「病気になってから加入」では遅い！

保険の加入条件は、原則健康であること。では、現在病気の人や、過去に大病をしたことのある人は入れないのでしょうか？

いいえ、入れます（一定の条件はあります）。でも保障内容の質が圧倒的に落ちます。たとえば、私の場合。32歳のときに発症した糖尿病のせいで、いわゆる「緩和型」といった保障内容の低い保険にしか入れません。ちなみに私は子どもたちのために死亡時にお金の下りる生命保険に入っていますが、同じ掛け金であっても下りるお金は健康な人に比べて少額となります。

私と同じく、生活習慣病に一度でもかかった方は、次に保険に入るときにかなり苦労されると思います。

やはり、健康を維持することが、人生最大の「投資」ですね。

「高価なお葬式」は必要か？
――平均300万円のワナ……本当は20万円でOK？

超高齢社会にある今、お葬式や遺言書など、誰にもいずれ訪れる「死」に関するものが注目を集めています。

家計相談では、高齢者の方々のご相談もよく受けるのですが、つましい年金暮らしの中、葬儀費用を気にされる方が非常に多いのが現実です。正直なところ、私は葬儀にそれほどお金をかけようとは思わないのですが、世間一般の常識では「葬儀はお金がかかる」ものといったイメージのようです。

平成19年度の日本消費者協会の調査では、葬儀費用の全国平均は、なんと231万円。死に際してこれほど高額な費用がかかることに、30代の皆さんは実感がわかないかもしれませんね。葬儀社への支払い、飲食費用、返礼品費用、お布施などを含んだ金額です。

もちろん、参列者の人数によっても、費用は変わってきます。さらには、この金額の他に、香典返しや列席した親戚の宿泊代などもかかってくる場合があるでしょう。
健康保険から、最低10万円、おおよそ1カ月の標準報酬分程度の金額が埋葬料（家族以外の代理人がする場合は「埋葬費」という）として支給されますが、葬儀費用をまかないきれる金額ではありません。

ちなみに地域差もかなり大きいようです。葬儀費用の平均額がもっとも低い地域は四国で149万5000円。一方もっとも高い地域は東北で282万5000円。ずいぶん違いますね。

しかし、すっかり常識となっている高額の葬儀費用、本当に避けられないものなのでしょうか。自分が死ぬときのためだけに、約250万円ものお金を残しておくのはなんだかちょっともったいない気がします。もし葬儀費用を100万円におさえられるのなら、浮いた150万円で生きているうちに楽しい思いをしたほうがいいですよね？

私なりに調べた結果、必ず約250万円かかってしまうのではなく、方式によっては葬

儀費用自体はかなり低くおさえられることが分かりました。やはり、お葬式となると皆気が動転して、とりまとめてくれる葬儀会社のいうなりになってしまうようです。

では、実際にかかる金額を見ていきましょう。

＊火葬：費用は20万〜30万円程度。葬儀会社に頼んだ一般価格です。火葬場が公営か民営かによっても変わってきます。

通夜・告別式などの儀式的なことをおこなわず、死亡後24時間以上経過したのち火葬をおこないます（法律上、死亡後24時間未満の火葬は不可）。病院で亡くなった場合、多くの病院では遺体を長時間安置しておくことが不可能です。そのため、病院から一度自宅もしくは一時的に借りた場所に安置する必要があります。火葬場でお経をあげたり、安置場所から出棺したりするときに親族でお見送りをすることが可能なので、あえて葬儀場を借りなくてもいいかもしれませんね。

＊家族葬：費用は60万〜１００万円程度。葬儀会社に頼んだ一般価格です。規模により大きく異なります。

一般的には、会社関係やご近所などには知らせずに、家族や親族のみで行う葬儀のこと。家族葬では、一般的な葬儀と比べて参列者を気遣う時間が少ないので、その分、故人との最期の時間をゆっくりと過ごすことができ、大きな式場を借りる必要もありません。葬儀場の利用料は、小さいほど安価な傾向がありコスト面でも得です。

葬儀こそ、もっとも個人的な事柄といえます。最後の最後まで、常識とされている社会通念にとらわれなくてもいいのではないでしょうか。価格も内容も自分と家族の納得のいくスタイルでおこないたいものですね。

葬儀代の内訳

通夜からの飲食接待費	40.1万円
寺院の費用（お経料、戒名、お布施）	54.9万円
葬儀一式費用	142.3万円
葬儀費用全体額	237.3万円

※葬儀一式費用の内訳
・祭壇や人件費などの葬儀社へ支払う葬儀費用
・参列者に提供する料理や香典返しの費用
・火葬料や斎場使用料といった実費

財団法人日本消費者協会『第8回「葬儀についてのアンケート調査」報告書』（平成19年実施）
※上記以外に親戚の宿泊代なども考えられる。

第6章

成長し続けるための8つの警告

◉——人との比較などしない！

情報過多の現代、よその家庭の家計状況、世代別の貯蓄額統計データなど、さまざまな情報があふれています。となると、どうしても人と比較することが多くなってしまいます。

ですが、よその家計と比べて一喜一憂するのはそろそろ終わりにしませんか？

価値観も生き方もこれだけ多様化している時代、比較すること自体が無意味なのです。一人として同じ人間がいないように、一つとして同じ家計はありません。

それならいっそのこと、自分自身が経営者となって、家庭という企業のかじとりをする覚悟と強い気構えを持って、家庭経営に取り組んでみましょう。

自分が経営者であるという自覚を持つと、他人を気にしている余裕はなくなります。「人は人、自分は自分」を貫くことができれば、貯蓄だけではなく、人生さえもずっとラクに楽しくなります。

ちなみに30代の私たちの親世代や、さらにその親の世代はどうだったのでしょう？　高度経済成長期の希望にあふれる時期とはいえ、今とは比べものにならないほど貧しかったはずです。

でも一見、豊かではなかったその時代は、現在にはない違った豊かさがあふれていたのかもしれません。バーチャルではなく、人としっかりとつながっていた時代、自分自身と家族を尊敬し、大切にしていた時代、ものを工夫しながら大事に使っていた時代……。

それらを踏まえると当時には、現代では失われた深い豊かさがあったように思えてなりません。

ものもお金も十分ではなかった当時の一般庶民は、レベルの違う生活は望まず、一喜一憂せずに毎日をコツコツと懸命に生きていました。

それは一見、地味なようですが、どんな時代にも対応できる、非常にパワフルなサバイバル術です。ひょっとしたら、私たちはこれからそんな時代に戻っていくのかもしれません。

比較による不安にとらわれていると、それが未来の世代にも伝わってしまいますからね。

未来を、そんな味気ない時代にはしたくないものです。

「自分の時代を作っていく」という強い気持ちや志を持って、進んでいきましょう。

自己投資を怠るな！

家計相談で特に最近感じるのは、どうも小さくまとまっている人が多いことです。それは、バカな考え方をしない人が多いとか、行儀がよすぎるということではないのです。勢いや決断力に欠ける人、利口なだけに損得を計算しすぎて失敗を恐れ、消極的で結果的に何もしない人が多いのです。なんだか非常に残念に感じます。

もちろん後先考えずに暮らしていたら、損をしてしまいます。でも、考えて考えて考え抜いて、本当に得な選択肢を選べるのでしょうか。確度は高まれど、そこで得た「得」は、なんぼのものなのでしょうか。

30代からは、これまでの失敗や成功をもとに、とにかく積極的に生きていくことを意識していただきたいと思います。

そのためには、やはり投資。そう、私のいう投資とは、貯金だけではありません。自分に対する投資をおこなってほしいのです。**実は自己投資に失敗はありません。**失敗だと判断したら失敗になりますが、失敗だと思わない限りは失敗ではありません。成功や成長の糧にすればいいだけです。これは、30代の今だからできること。自己投資もしていきましょう。

収入が多ければ幸せになれるなんて思うな！

「もっと収入があれば幸せなのに……」という思いがよぎることは、誰しもあると思います。しかし、本当にそうでしょうか？

私はお金について悩んでいる方々の相談に乗っていますが、年収200万円以下の方から、年収5000万円程度の方までさまざまです。しかし、高収入の方であれば、いわゆる「幸せ」なのかというと、そう単純ではありません。**つまり、人の幸福度は収入額に比例しないということを、私は実体験として知っています。**

実際に不思議なもので、収入が上がれば上がるほど妻との関係が悪化したり、仕事が忙しくなりすぎて子どもと過ごす時間がゼロになったり、疲労とストレスで体調を崩したりうつ病になったりと、あまり幸せでない方も多いのです。

逆に、収入はさほど高くなくても、家族が一致団結して、毎日健康でおいしい家庭料理を食べるといった小さなことで幸せを感じている方々もいます。大切な家族や周囲の人とのコミュニケーションがとれていることにより、気持ちも安定し、生活が充実します。

そして、生活の基盤がしっかりすれば、感情がお金に振り回されることはありません。日々の喜びや悲しみや悔しさを正常な感覚で味わえるようになるのです。

所得に関係なく幸せになるには、今あるもの、今自分のいる状況や感覚により、今に感謝できるかどうかがカギだと思います。ないものねだりはもうやめましょう。

お金はあくまで幸せに生きるための手段。**手段に取り込まれて、お金を稼ぐこと、貯めることが目的となってしまわないよう、くれぐれも気をつけてくださいね。**

家計も容赦なく仕分け！

民主党政権の目玉イベント（?）、事業仕分けが話題となりましたが、家計でも、今後の選択肢を増やしたいのであれば、厳しい仕分けが必要です。

本書でも書き込みシートを用意していますが、自分や家族にとって本当に必要なものと、不要なものを見極めることが非常に大切なことなのです。普段忘れがちだけれども、大切にすべきものも、自分の心とじっくり向き合って探し出してみてほしいのです。

今まで自分が必要だと思い込んでいたのに、実際には不要だったというようなものが多く出てくるかもしれません。

「もしかしたら必要かも？」というあいまいな気持ちが結局はお金だけではなく、生活上での足かせになってしまうこともありえるのです。あいまいさ、優柔不断さが現代では大きな代償を生むこともあるのですから。

社会の常識やネットの情報のせいで、自分の願望すら歪んでしまいがちな現代、あえて時間を作ってバッサバッサと「家計仕分け」をしてみてください。それにより、自分の人生・生き方も浮き彫りになるでしょう。用意周到なまでの生活は、安心のようで、判断力の欠如を助長させているのです。容赦なく仕分けていきましょう。

不安を原動力にするな!

「明確な」不安があるのであれば、構いません。何が不安なのかも分からずに、単純に不安を感じながら動くのはいただけません。たとえば、なんとなく不安だから、お金を貯める、なんてことはやめるべきです。

いい人生につながるとは、とうてい思えないからです。不安のあまり「守り」の姿勢でしか生きられないのであれば、いっそのこと不安など感じられないほどに、夢中になれるものを見つけるなり、目標を持つなりして、「攻め」の姿勢で突き進んでみてください。結果はあとからついてきます。

もちろん人生を二つ経験することなどできませんが、多くの人の取り組み方の違いから、明暗が分かれることを私は見てきて知っています。

だから私自身も迷ったり不安を感じたりしたら、「攻める」ことにしています。ぜひあなたも、より楽しく実のある生き方につながるようにおびえずに進んでいきましょう。

迷ったら他人に聞け!

そうはいっても、自分の価値観や判断に迷いが生じることもあるでしょう。比較はしないと決めても、ときに情報に揺れ動くのが人の常です。

そんなときは、信頼できる他人に相談してみましょう。私のようなお金相談のプロ(ファイナンシャルプランナー)でもいいですし、親御さんや親友に話すのも効果的です。

行き詰まったとき、一人で悩みすぎて冷静な判断を下せないのはあまりにもったいないです。誰かに相談することで、自分の考え方や価値観を再確認できたり、逆に有効なアドバイスをもらえたりすることもあるでしょう。ちょっとしたことが、打開策につながる場合もありますので、人への相談ははじめの一歩としてちょうどよいと思います。

お金の話題をタブー視せずに、相談するという選択肢があることを知っておいてください。ただ、悪い人にだまされないように！

●「お金なんて貯まらない」という呪縛はさっさと捨てなさい！

初めて家計相談に来る相談者さんたちの多くが「私は貯金下手で……」「収入が少ないから貯められるわけがない」というようなネガティブなことを口癖のようにいいます。まるで自分に暗示をかけているかのようです。正直なところ、私はそれが残念でなりません。

たしかに、今までは「貯められなかった」のかもしれません。でも、これからは？　そう、「貯められない」とは限らないのです。貯めたいと今思っているのであれば、貯められるようになる確率は高いのです。自分で自分の可能性をおとしめるのはやめましょう。今までできなくても、これからはできる。そう信じてスタートすることです。

実際に私のところにいらした相談者さんたちは、「貯められない」代表格のような方々ばかりでした。ですが、横山式90日貯金プログラム実践者の成功率は9割。これは別に私の手腕ではなくて、皆さんの「変わりたい」気持ちの強さのあらわれなのです。**貯金は必ずできます。**

◉お金よりも気にすべきことはある。そこに気づけ！

本書は30代のマネー術についての書籍ですが、私はあえていいたいと思います。「人生にはお金より、大事にすべきことがあっていい」と。

特に30代の皆さんでしたら、そのことを胸に留めておいていただきたいのです。

お金も大事ですが、それはあくまで二次的なこと。30代のうちは、もっと夢中になれるもの、人生においてもっと優先順位の高いものがあっていいのです。仕事や趣味、恋愛、なんでもOKです。

貯金をしてどれほど将来に備えていても、予期せぬことが起こるのが人生。それなら、心配や準備は必要なだけにとどめておき、大切なもの、夢中になれるものに、かけがえのない時間を注いでください。

私自身、20代、30代でお金よりも大切にしてきたものがあります。それは、「家族」です。23歳で結婚し、以来苦しいときも楽しいときも妻と娘たちといつも一緒にがんばってきました。家族のためならなんでもする、という覚悟が不安を乗り越えさせてくれるのです。

家族の次に大切なのが「仕事」です。私自身、お金の問題で苦しんだ過去があるので、その経験を生かして今苦しんでいる人をなんとかして手助けしたいと思っています。

ですから、高い相談料金をとったり、マージンの入る保険会社の商品だけ上手に宣伝して売ったり、高額な料金で講演を引き受けたり、といったことには興味がありません。

きれいごとに聞こえるかもしれませんが、家族や周囲の皆さんのおかげでお金の問題から復活できた経験から、私自身は社会になんらかの恩返しをさせていただくという気持ちでやっています。そして、あれほど悩んでいた皆さんが笑顔で再生していく様子を見るのが幸せなのです。

お金は大事ですが、お金より大事なものはたくさんあります。そして、それは一人一人ご自分で見つけていってください。

エピローグ

私はこの本で、過去の自分のバカさ加減を暴露してしまいました。そのこと自体はなんてことはないのですが、書いていてつくづく過去の自分は〝お金の問題児〟であったことを再認識させてもらいました。もっとうまくお金と向き合っていればなあ、といった自責や「後悔」といった念と、生きていくうえでそれが糧になったことによる「よろこび」が入り交じっています。

あいまいにとらえるのではなく、この本らしく数字を使っていうと後悔は2割、その他のうれしさやよろこべることは、8割といった割合となるでしょうか……。

つまり、過去と今は逆転できることを私は身をもって感じています。逆転というと正しくはないかもしれません。よい状況から悪くもなることもあるので、「変化」といったほうがいいかもしれません。ここに生き方や人生の一部があらわれていると思うのです。

まず、過去の自分を知り把握することは大切だけど、私たちが変えられるのは「今これから」だけであるということ。何がいいたいのかというと、あまり気にしない、これまでの失敗や後悔があったからこそ、今やこれからに生かせる必然の条件にもなるのだということ。どのような失敗でも、それはいい経験なのです。私もこれまで、さまざまな失敗を人一倍してきたにもかかわらず、今でも失敗します。しかし、次のこれからに生かそうとだけし、強く後悔や気にはしないようにしています。また人に迷惑をかけない範ちゅうでの失敗力を、図太さとともに皆さんと一緒に身につけていきたいものです。

「今これから」が変わっていくのです。過去は変わらないのです。失敗は糧にするだけなのです。

次に押さえておきたいのは、これからのことしか変わらないといいましたが、その変化具合（ベクトル）です。

同じ人間である限り、過去と現在、未来はつながっています。その中でのベクトルは、無意識のうちによい方向だけに向かっていくのではありません。逆転だけが起きうることではないことです。余裕をかましていたらダメ、油断はできないということです。特に今の時代にはそこがあてはまります。現実らしい厳しい面なので、エピローグにはふさわしくないかもしれませんが、エピローグだからこそあえて意識しておくことを大切にしたいと思いました。

ご存じのとおり、変化には2種類あります。希望を持ちたい「悪↓良」という変化と、「良↓悪」というもの。ここを受け入れるべきだと思うのです。不安ばかりを強く思い、何事に対しても抱き進むことがよくないことは、本書の中でもお伝えした通りです。前者を強く意識すべきですが、やるだけやって結果的に後者のような変化になることもあるのです。しかし、それでも変化というものは続くのです。再度「悪↓良」という変化を呼び込めばいいのです。

つまり変化は、希望の固まりでもあるのです。努め続けている限り、おかしなことにはならないのです。安心してこれからの人生を邁進されてください。これからを大きく変化させられる可能性を秘めた、お若い読者の方でしたら邁進では足りないかもしれませんね。「猛進」されてください。がんばったあなたを人生は絶対に裏切ることはありません。そこを保障する業務をしている私は、これからもあなたを応援しています。

最後まで読んでいただき、ありがとうございました。

本書は、朝日新聞出版の大崎俊明さんとの出会いから始まりました。大崎さんの、これからの若い人に向けて書いてほしい、「夢を持って進めるような本にしたい！」その真っすぐな想いに突き動かされて始まり、私の力不足への大崎さんの力添えと許容により完成しました。すばらしい方と出会えたこと、それを皆様に伝えることができるようにご尽力していただいた方々に深く感謝いたします。

また、執筆により私の通常業務（個別家計コンサルティング）で迷惑をかけていることを私は察知しています（笑）。そこを温かくしっかりとサポートしてくれている、当社の職員にも感謝です。それと家族、特に妻に深く感謝し、筆を置きたいと思います。

２０１０年７月

横山光昭

◉著者紹介

横山光昭（よこやま・みつあき）

家計再生コンサルタント。ファイナンシャルプランナー。

株式会社マイエフピー代表取締役。

司法書士事務所勤務時代に学んだ知識を生かし、借金・ローン問題にファイナンシャルプランナー（FP）の家計を重視した視点で、一般的な法律家とは異なる取り組みを実践。ファイナンシャルプランナーとしては異例の家計の、「負債重視型」コンサルタント。リバウンドのない再生と飛躍を実現する。口コミ客も多く、クライアントは現在まで約4800人以上。各メディアでの執筆、講演も多数。総合情報サイト「All About お金を借りたい／お金を返す・借金の整理」ガイドとしても活躍中。

主な著書に『年収200万円からの貯金生活宣言』『90日間貯金生活実践ノート』『年収200万円からの貯金生活宣言　正しいお金の使い方編』（以上、ディスカヴァー）、『1年で150万円もお金が貯まる本』（宝島社）などがある。

株式会社マイエフピー連絡先
ホームページ　http://www.myfp.jp/
札幌本店 TEL 011-709-3359
東京支店 TEL 03-3376-8550

35歳からの超貯蓄術

二〇一〇年八月三〇日　第一刷発行

著者　横山光昭
発行者　小島　清
発行所　朝日新聞出版
〒一〇四-八〇一一
東京都中央区築地五-三-二
電話　〇三-五五四一-八八一四（編集）
〇三-五五四〇-七七九三（販売）

印刷所　大日本印刷株式会社

装丁　遠藤陽一（デザインワークショップ ジン）

ISBN 978-4-02-330835-0
定価はカバーに表示してあります

朝日新聞出版の本

スティーブ・ジョブズ 危機を突破する力

竹内一正

「景気が悪い」という泣き言は、
挑戦しない連中の言い訳だ!
iPod、iTunes、
iPhone、そしてiPad。
斬新なヒット作はなぜ生まれるか。

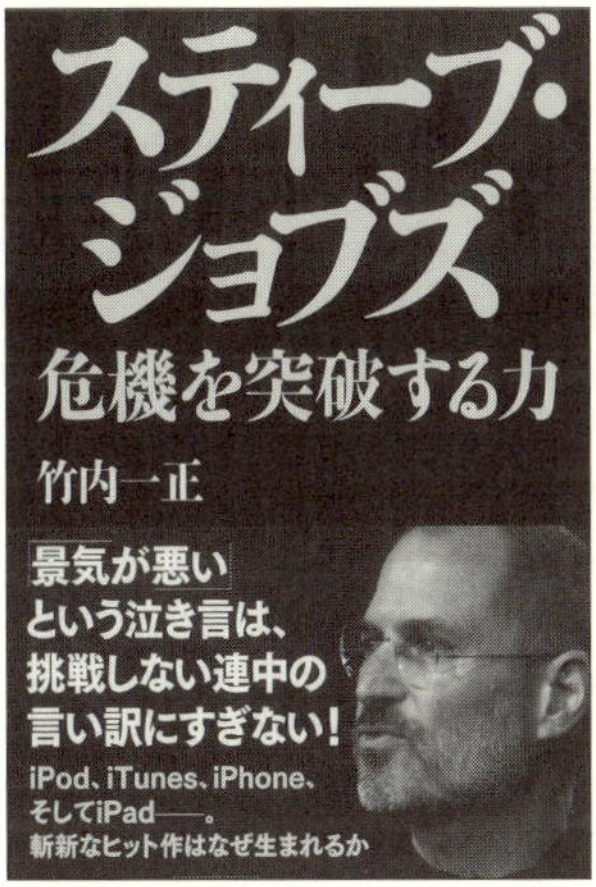

四六判・並製
定価:本体1500円+税